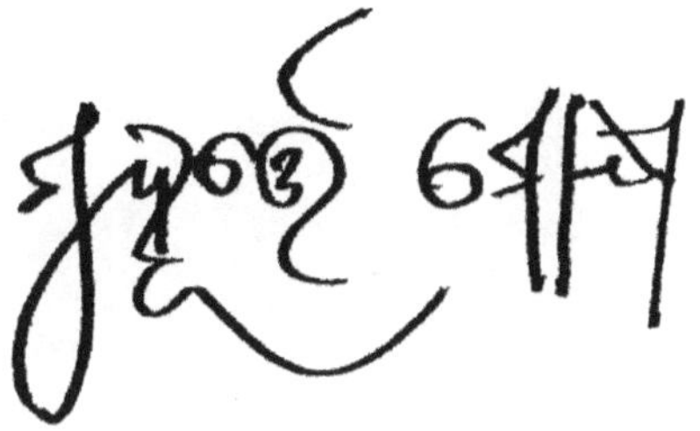

সুবোধ ঘোষ

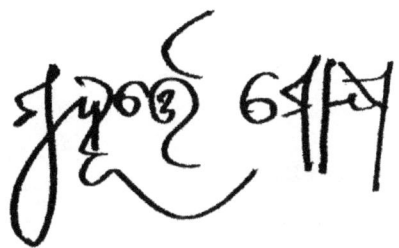

ମୁହୂର୍ତ୍ତେ ଶୋଷ

ପ୍ରମୋଦ ମଲ୍ଲିକ

ବ୍ଲାକ୍ ଇଗଲ୍ ବୁକ୍ସ
ଭୁବନେଶ୍ୱର, ଓଡ଼ିଶା

BLACK EAGLE BOOKS
Dublin, USA

ମୁହୂର୍ତ୍ତେ ମୋକ୍ଷ / ପ୍ରମୋଦ ମଲ୍ଲିକ
ବ୍ଲାକ୍ ଇଗଲ୍ ବୁକ୍ସ : ଭୁବନେଶ୍ୱର, ଓଡ଼ିଶା। ● ଡବ୍ଲିନ୍, ଯୁକ୍ତରାଷ୍ଟ୍ର ଆମେରିକା

 BLACK EAGLE BOOKS

USA address:
7464 Wisdom Lane
Dublin, OH 43016

India address:
E/312, Trident Galaxy, Kalinga Nagar,
Bhubaneswar-751003, Odisha, India

E-mail: info@blackeaglebooks.org
Website: www.blackeaglebooks.org

First International Edition Published by
BLACK EAGLE BOOKS, 2023

MUHURTE MOKSHA
by **Pramod Mallick**
Cell: 9437364916

Copyright © **Pramod Mallick**

All rights reserved. No part of this publication may be reproduced, stored in a retrieval system, or transmitted, in any form or by any means, electronic, mechanical, photocopying, recording or otherwise without the prior permission of the publisher.

Cover: **Atul Bal**
Interior Design: Ezy's Publication

ISBN- 978-1-64560-475-4 (Paperback)

Printed in the United States of America

ଉତ୍ସର୍ଗ

ବାପା !

ଟିକିଏ ସ୍ନେହବୋଳା ଡାକ, ଧାଡ଼ିଏ ମିଠାକଥା ପାଇଁ ଆଜୀବନ ଆତୁର। ସେଇ ଅବସାଦର ଯନ୍ତ୍ରଣାରେ ଛଟପଟ ଏଯାବତ୍। ଅପ୍ରାପ୍ତିର ଅନ୍ତହୀନ ଅବସୋସରୁ କ୍ଷରିତ 'ମୁହୂର୍ତ୍ତେ ମୋକ୍ଷ' ଆପଣଙ୍କୁ.......

ସନ୍ଧି ସାରାକାଳ

'ମୁହୂର୍ତ୍ତେ ମୋକ୍ଷ'ର ଏଇ ମୁକ୍ତିଲଗ୍ନରେ ସ୍ୱାଭାବିକ ଭାବରେ ମୋତେ ଆନ୍ଦୋଳିତ କରୁଛି ପ୍ରଶ୍ନଟିଏ। କାହିଁକି ଲେଖେ ମୁଁ କବିତା ? କ'ଣ ପାଏ, କ'ଣ ଦିଏ ମୋତେ ଏ କବିତା ?

ଏକ ଯନ୍ତ୍ରଣାଦାୟକ ଅଥଚ ଭୟାତୁର କୈଶୋର ଦେଇ ଗତିଶୀଳ ମୋର ଜୀବନସତ୍ତା। ଏକ ଲୁକ୍କାୟିତ ଅଭାବନୀୟ ଅଭାବି ଭିତରେ ମୁଁ ଅତିକ୍ରମ କରିଛି ମୋର ଛଳଛଳ ତାରୁଣ୍ୟ ଓ ଛାତ୍ରାବସ୍ଥା। ସେହିପରି ଭାବରେ କଠୋର ଅନୁଶାସନ ଓ ଶାରିରୀକ, ମାନସିକ କ୍ଳେଶ ମଧ୍ୟରେ ବିତିଛି ଏଇ ତମାମ ସମୟତକ। ଯୁବାବସ୍ଥା ବି ଅତିବାହିତ ହୋଇଛି ଘୋର ମାନସିକ ଘାତ-ପ୍ରତିଘାତ ଓ ସଂଘାତ ମଧ୍ୟରେ। ହେଲେ ଏ ସବୁ ଅନୁଭବ ଓ ଅନୁଭୋଗ ମୋର ଏକାନ୍ତ ବ୍ୟକ୍ତିଗତ। ଏଥିରେ ନା ମୁଁ ସାମିଲ କରିଛି ମୋ ଆତ୍ମୀୟ-ସ୍ୱଜନଙ୍କୁ ନା ସହଭାଗୀ କରାଇଛି କାହାକୁ। ନୀଳକଣ୍ଠ ପରି ଏକାଏକା ଉଦରସ୍ଥ କରିଛି ମୋତେ ନିତିପ୍ରତିଦିନ ମିଳିଥିବା ହଳାହଳ ବିଷକୁ। ଅତିକ୍ରମ କରିଛି ମୋ ସାମନାରେ ପଡିଥିବା ସକଳ ପ୍ରତିବନ୍ଧକର ପାହାଚ ମାନଙ୍କୁ। ଚାଲିଛି ମୁଁ ନିଜ ପଥ ନିଜେ ଅନୁସରି। ତେବେ ଏଇ ସବୁ ଘଟଣା-ଦୁର୍ଘଟଣାକୁ ଆତ୍ମସ୍ଥ କରି ବାଟ ଚାଲିବାର ସମୟରେ, ଜୀବନର ଗତିପଥକୁ ଚଳତକ୍ଷମ କରାଇବା ବେଳେ ସାଉଁଟିଛି ବିପୁଳ ଅନୁଭୂତି। ଆପଣେଇଛି ଅଜସ୍ର ଅଭିଜ୍ଞତା। ସେଇସବୁ କଷ୍ଟ ଓ କ୍ଳେଶକୁ ଅଙ୍ଗେ ନିଭାଇବା ବେଳେ ସାଉଁଟିଛି ପ୍ରଚୁର ଆବେଗ ଓ ଆତ୍ମଜ୍ଞାନ। ଏଯାବତ ସେଇସବୁ ଯାତନା ସମୁହରୁ ମିଳିନାହିଁ ତ୍ରାହି। ମିଳିନି ନିସ୍ତାର। ମୋ ପାଖରେ ଫୁଲର ପସରା ଥିବା ବେଳେ ମୋ ପରିବେଷ୍ଟନୀ, ପରିଚିତ ପରିସରରୁ ମୋତେ ପ୍ରାପ୍ତ ହୋଇଛି ଓ ଏଯାବତ ମଧ୍ୟ ପ୍ରାପ୍ତି ହେଉଛି କଣ୍ଟାର ତୀକ୍ଷ୍ଣ ଆଘାତ। ଏତେ ଘାତପ୍ରତିଘାତ ଏତେ ପୀଡ଼ନ ସତ୍ତ୍ୱେ ମୋତେ ବି ମିଳିଛି ପ୍ରଚୁର ଭଲ ପାଇବା, ପ୍ରଭୂତ ସ୍ନେହ ଓ

ସୌହାର୍ଦ୍ଦ୍ୟ।ନିର୍ଯ୍ୟାତନା ମୋତେ ଯେତିକି ଜୀବନ ବିମୁଖ କରିଛି ପ୍ରାପ୍ତ ହୋଇଥିବା ସ୍ନେହ, ପ୍ରେମ, ବିଶ୍ୱାସ ମାନେ ମୋତେ ତତୋଧିକ ଜୀବନମୁଖି କରାଇ ଆବେଗ ଛଳଛଳ କରାଇଛି। ସମ୍ଭବତଃ ଏଇସବୁ ପୀଡା ଓ ସ୍ନେହାର୍ଦ୍ଦର ଭାବପ୍ରବଣତା ମୋତେ କରିଛି କବିତା ମନସ୍କ।କବିତା କେତେବେଳେ ମୋ ପାଇଁ ପୀଡା ଉପଶମର ମହୌଷଧି ସାଜିଛି ତ' ପୁଣି କେତେବେଳେ ଉଲ୍ଲାସକୁ କରିଛି ପୁଲକିତ, ପ୍ରସାରିତ।

ତେବେ ମୋର ପ୍ରଥମ କବିତା ସଂକଳନ 'ମାୟାମୁହାଣ'ର ଶୁଭମୁକ୍ତି ପରେ ପ୍ରିୟ ପାଠକ ମାନଙ୍କର ଆଦୃତି ଏଇ ଦ୍ୱିତୀୟ ସଂକଳନ ପାଇଁ ଯୋଗାଇଥିଲେ ଢେର୍ ଉତ୍ସାହ ଓ ପ୍ରେରଣା। ପୁଣିଥରେ ମୋ ଭିତରେ ଅମାପ ଉତ୍ସାହ, ଉଦ୍ଦିପନା ଭରିଥିଲେ ସାହିତ୍ୟ ସଂଗଠକ, ପ୍ରିୟବନ୍ଧୁ ସରୋଜ କୁମାର ମହାନ୍ତି, କୋଳେଇ ନେଇଥିଲେ କଞ୍ଚା ଜରଜର 'ମୁହୂର୍ତ୍ତେ ମୋକ୍ଷ'ର କାୟାକଳ୍ପକୁ। ନିଜସ୍ୱ ଶୁଶ୍ରୁଷାରେ 'ମୁହୂର୍ତ୍ତେ ମୋକ୍ଷ'ର ପ୍ରତିଟି ଅଙ୍ଗ, ପ୍ରତ୍ୟଙ୍ଗକୁ ସଂଶୋଧିତ, ସାବଲୀଳ କରିଥିଲେ ଓଡ଼ିଶାର ବିଶିଷ୍ଟ ଅନୁବାଦକ, ସଂପାଦକ, ଅଗ୍ରଜ କବି କ୍ଷୀରୋଦ କୁମାର ପରିଡା। ଏସବୁ ପରେ ପ୍ରଚ୍ଛଦର ପରିଚ୍ଛନ୍ନ ପୋଷାକ ପିନ୍ଧାଇ 'ମୁହୂର୍ତ୍ତେ ମୋକ୍ଷ'ର ପରିପାଟୀକୁ ମହନୀୟ କରିଥିଲେ କଥାକାର, ପ୍ରଚ୍ଛଦ ଶିଳ୍ପୀ, ମୋର ପ୍ରିୟ ଅଗ୍ରଜ ଅତୁଲ ବଳ। ଏସବୁ ବାଦ୍ ମୋର ପ୍ରଥମ ସଂକଳନ 'ମାୟାମୁହାଣ' ମୁକ୍ତିରେ ଅକୁଣ୍ଠ ସହଯୋଗ କରିଥିବା ଲଣ୍ଡନରେ ଅବସ୍ଥାପିତ ଅଗ୍ରଜ ଡାକ୍ତର ସହଦେବ ସ୍ୱାଇଁ ଓ ରିଜର୍ଭ ବ୍ୟାଙ୍କର ପ୍ରାକ୍ତନ ଅଧିକାରୀ ଚକ୍ରଧର ଦାଶଙ୍କ ଅକୁଣ୍ଠିତ ପ୍ରେରଣା ଓ ସହଯୋଗ 'ମୁହୂର୍ତ୍ତେ ମୋକ୍ଷ'କୁ ମୁକ୍ତିର ଆଲୋକ ଦେଖାଇବାରେ ସହାୟକ ହୋଇଥିଲା। ଆଜି 'ମୁହୂର୍ତ୍ତେ ମୋକ୍ଷ'ର ଶୁଭମୁକ୍ତି ଅବସରରେ ମୋତେ ଓ ମୋ କବିତା ସମୂହକୁ ଭଲପାଇବା ଦେଇଥିବା ମୋର ଏଇ ଶୁଭଚିନ୍ତକମାନଙ୍କ ସହିତ ଅସଂଖ୍ୟ ପାଠକଙ୍କୁ ଜଣାଉଛି, ଗଭୀର ଆନ୍ତରିକ କୃତଜ୍ଞତା।

ଆଶା ରଖିବି 'ମୁହୂର୍ତ୍ତେ ମୋକ୍ଷ' ସଂକଳନର କବିତାଗୁଡ଼ିକ ପାଠକାଦୃତି ଲାଭ କରିବ। ମୋର ଶ୍ରମ ସାର୍ଥକ ହେବ।

ପ୍ରମୋଦ ମଲ୍ଲିକ

କବି ପ୍ରମୋଦ ମଲ୍ଲିକଙ୍କ କବିତାକୁ ନେଇ କିଛି କଥା-

ଭାବ କେତେବେଳେ ଛଳଛଳ ତ ଆଉ କେତେବେଳେ ସ୍ତବ୍ଧ। ତାହା ତରଙ୍ଗାୟିତ ହୋଇ ଉଠେ ତ ଧ୍ୱନି ସୃଷ୍ଟି କରେ। ଶବ୍ଦ ଧ୍ୱନିରେ ଝଙ୍କାର ତୋଳେ। ସେ ଭାବ ଏକ ତନ୍ମୟୀ ଭାବ। ମନ ପ୍ରାଣକୁ ଚହଲାଇ ଦିଏ। ଶ୍ରୋତା ଶୁଣେ ତ ହୃଦୟ ଭିତରକୁ ନେଇ ଗୁଣୁଗୁଣୁ ହୁଏ ଏକ ଆତ୍ମୀୟ ଭାବ ସ୍ପନ୍ଦନରେ। ଏହି ସ୍ପନ୍ଦନ ତିଆରି କରିବାର ସାମର୍ଥ୍ୟ ଯେଉଁ ଭାବରେ ଥାଏ ତାହା ହିଁ ତାହାରି ଐଶ୍ୱର୍ଯ୍ୟ। ତାହା ହିଁ ଛିଡ଼ା ହୋଇ ଯାଏ କବିତାର ରୂପ ଓ ଗୁଣର ଅଧିକାରିଣୀ ହୋଇ। ଆଉ ଭାବ ଯେତେବେଳେ ମନ ପ୍ରାଣ ଭିତରେ ସ୍ତବ୍ଧ ହୋଇ ରହିଥାଏ ତାହା କ'ଣ ଗୋଟିଏ ଗଢିବାର ବା ନୂଆ ଏକ ସ୍ରୋତ ତିଆରି କରିବାର ପରିକଳ୍ପନାରେ ରହିଥାଏ। ଏଥି ପାଇଁ ଶବ୍ଦ ଖୋଜେ ବା ଶବ୍ଦମାନେ ଚଢ଼େଇ ପରି ତା ପାଖକୁ ଉଡ଼ିଉଡ଼ି ଆସନ୍ତି। ସେମାନଙ୍କ ଭାବ ଧ୍ୱନି ଆଉ କଣ କି? ତାହା ତ ଅନ୍ତରାତ୍ମାର ଧ୍ୱନି! ଭାବ ସମ୍ପଦ ଓ ଶବ୍ଦ ମିଶି ଗଢନ୍ତି ଯେଉଁ ପ୍ରତିମା, ତାହା ଚଳମାନ ଓ ସବାକ ନୈରାତ୍ମ-ତାହା ବୋଧ ହୁଏ କବିତା!

ଏହି ଭାବ ଓ ଅନ୍ତରାତ୍ମାର ଧ୍ୱନି ଯେଉଁଠି ପବିତ୍ର ଓ ଶୁଦ୍ଧ ସେଇଠି ଭୋର୍ ବେଳାର ଆରମ୍ଭ। ଏସବୁ କହିବାର ଅଭିପ୍ରାୟ ହେଉଛି ଯୁବକବି ପ୍ରମୋଦ ମଲ୍ଲିକଙ୍କ କାବ୍ୟ ଯାତ୍ରା ସଂପର୍କରେ କିଛି ସୂଚନା ଦେବା। ଏହି କବି ନବାଗତ ନୁହଁନ୍ତି,ଢେର୍ ଦିନ ହେଲା କବିତା ଲେଖିଲେଣି। ପ୍ରଥମ କବିତା ସଂକଳନ 'ମାୟା ମୁହାଣ' ପ୍ରକାଶିତ ହୋଇ କବିତା ପ୍ରେମୀମାନଙ୍କ ଦ୍ୱାରା ଗ୍ରହଣୀୟ ଓ ପ୍ରଶଂସିତ ହୋଇ ସାରିଛି। ଏବେ 'ମୁହୂର୍ତ୍ତେ ମୋକ୍ଷ' ହେଉଛି ତାଙ୍କର ଦ୍ୱିତୀୟ କବିତା ସଂକଳନ। ଏଥିରେ ରହିଛି ମୋଟ ସଇଁତିରିଶିଟି କବିତା ଯାହା ଆମ ସାମାଜିକ ଜୀବନରେ ବହୁ ପ୍ରସ୍ଥକୁ

ଛୁଇଁଛି,ଅନୁଭବିଛି। ସେହିପରି କିଛି ଏକାନ୍ତ ଆତ୍ମୀୟ ଅନୁଭବ ଖୁବ୍ ଚମତ୍କାର ଢଙ୍ଗରେ ସାର୍ବଜନୀନ ଭାବ ସତ୍ତାକୁ ସ୍ପର୍ଶ କରିବାର ସାମର୍ଥ୍ୟ ବହନ କରିଛି। ଏହି କ୍ରମରେ ଥିବା ତାଙ୍କ କବିତା 'ବୋଉ ଓ କଖାରୁ ଡଙ୍କ',

'ବୋଉ' ଓ 'ବାପା: ସାରାକାଳ' କଥା ଉଲ୍ଲେଖ କରା ଯାଇପାରେ।

'ବୋଉ ଓ କଖାରୁ ଡଙ୍କ' କବିତାରେ ଏକ ପୂର୍ଣ୍ଣାଙ୍ଗ ଜୀବନ ବୃତ୍ତ କଥା ଚମତ୍କାର ଢଙ୍ଗରେ କୁହାଯାଇଛି। ଏକ ସଂସାରୀ ଜୀବନର ମନ୍ଦାରେ ମଞ୍ଜି ପୋତିବା, ଫୁଲ ଫଳରେ ସୁଶୋଭିତ ଓ ସାର୍ଥକ ହେବା ଏବଂ ପରବର୍ତ୍ତୀ କାଳରେ ଶୁଖିଲା ଲତାଟିଏ ହୋଇ ଯିବାର ପରିକ୍ରମା ଏଥିରେ ରହିଛି। ଇଏ ତ ଜୀବନ ଚକ୍ର! ଯେମିତି ଇଏ ସ୍ମରଣ କରୁଛି ତାହାରି ପୂର୍ବଜନ୍ମକୁ!

ରାତିରେ ମଞ୍ଜି ପୋତି ଦେବା ପରେ
କଖାରୁ ମନ୍ଦା ପାଲଟିଯାଉଥିଲା
ସତେ ଯେମିତି ମାମୁଘର
ପ୍ରତି ଦିନର ସକାଳ
ଟାଣି ନେଉଥିଲା ମନ୍ଦା ଆଡ଼କୁ।

ଏ ଜୀବନ ଚକ୍ରରେ ଶୁଭେ ନାନା ବାୟା ଗୀତ,ଯାହା ଜୀବନ ସଙ୍ଗୀତ। ସାରା ସଂସାର ସେତେବେଳେ ଦିଶେ ସବୁଜ ସବୁଜ, ପ୍ରାଣବନ୍ତ,ଉଚ୍ଛଳ। ତେଣୁ କବି କହନ୍ତି, 'ଖରାରେ ଚକ୍ ଚକ୍ ଚିକଣିଆ /ଦିଶୁଥିବା ପତ୍ରମାନେ ମେଘିଲା ଦିନରେ ଟପ୍ ଟପ୍ କରି ଶୁଣାଇଲେ/ବୋଉର ନାନା ବାୟା ଗୀତ ପରି/କେତେ କେତେ ଗୀତ। ଉଲାରି ହୋଇପଡ଼ିଥିବା ଶୁଖିଲା ଡଙ୍କ ପରି ବୋଉ ବି ସେଦିନ ମତେ ଦିଶିଥିଲା ତା' ଜୁଇରେ।' ଏ ପ୍ରତୀକ କେତେ ଯେ ମୌଳିକ ଓ ଆମ ଓଡ଼ିଆ ଜନ ଜୀବନ ସହିତ ଓତପ୍ରୋତଃ ଭାବେ ଜଡ଼ିତ ଏବଂ ଏଥିରେ ଯେଉଁ ଶୁଦ୍ଧ ଅନୁଭବ ରହିଛି ତାହା ପ୍ରଶଂସନୀୟ। ହଁ ' ଏଇଠି ସ୍ପଷ୍ଟ ଭାବେ କୁହାଯାଇପାରେ ଯେ କବିଙ୍କ ଭିତରେ ପଲ୍ଲୀ ଜୀବନର ଏକ ଗହନ ମମତ୍ୱବୋଧ ରହିଛି, ଅନାବିଳ ରୂପଦର୍ଶନ ଓ ମହକ ବି ରହିଛି।

ଏହି ଭାବଟି ଆହୁରି ପ୍ରାଞ୍ଜଳ ହୋଇଛି ତାଙ୍କ 'ବାପା - ସାରାକାଳ' କବିତାରେ, ଯେଉଁଠି ସେ କହନ୍ତି, 'ବାପା ମାନେ, ବାପା ହୋଇଗଲା ପରେ/ ନିଜତ୍ୱ ଭୁଲନ୍ତି, ପିଲାଙ୍କ ବୋଝର ବୁଜୁଲାକୁ କାନ୍ଧରେ ପକାଇ ଜୀବନ ଜିଅନ୍ତି।'

'ସତ କହିବ ସଦାନନ୍ଦ' ଏକ ଭିନ୍ନ ଧରଣର କବିତା। ଏହି ଶୀର୍ଷକରେ କବିଙ୍କର ଦୁଇଟି କବିତା ଏହି ସଂକଳନରେ ରହିଛି। ସାମ୍ପ୍ରତିକ ସମାଜର ଲୋକ - ଚରିତ୍ର ର ରୂପ ଏଥିରେ ପ୍ରକଟିତ। ଏଥିରେ କବିଙ୍କର ବ୍ୟାପକ ବହିର୍ଦୃଷ୍ଟି ସହିତ ତାଙ୍କ

ସଂସ୍କାରି ଅନ୍ତର୍ଦୃଷ୍ଟି ର ଛାପ ପରି ଦୃଶ୍ୟ ହୋଇଥାଏ। ଏହି ଚରିତ୍ରଟି ତାଙ୍କର ନିକଟତର ନିଶ୍ଚୟ। ତେଣୁ ସେ ଆନ୍ତରିକତାର ସହ ସଦାନନ୍ଦକୁ ଡାକୁଛନ୍ତି। 'ଆସ ତ ସଦା ନନ୍ଦ/ ଟିକେ ବସି କଥା ହେବା/ସଦା ନନ୍ଦ! ସତ କହିବ/ଏକଥା ତୁମ ରାଜନୀତି, କୂଟନୀତି/ ଆବାସ ଯୋଜନା/କି ରାସନ କାର୍ଡର/ମାରପେଞ୍ଚ କଥା ନୁହଁ/ ମୁଁ ପଚାରିବି/ରକ୍ତରେ ନିଆଁ ଲାଗି ବାର କଥା/ଶରୀଭେଦ କଥା।' କବି ଆରେକ କବିତାରେ ପୁନଶ୍ଚ ସେହି ସଦାନନ୍ଦଙ୍କୁ ଡାକୁଛନ୍ତି, 'ସଦାନନ୍ଦ! ଆସ ତ ଟିକେ ବସି କଥା ହେବା।' ଏଥର କିନ୍ତୁ ପାଖକୁ ଲାଗି ବସିବାକୁ କହୁ ନାହାନ୍ତି ବରଂ କହିଛନ୍ତି, 'ଦୂରେଇ ବସ...ଯେମିତି ତମ ହାଇ କି ଛାଇ/ମୋ ପାଖ ଛୁଇଁ ବନି।' ଏକଇ ଚରିତ୍ର,ଦୁଇଟି ବିରୋଧଭାଷୀ ଚିତ୍ର! ସତରେ ଆମ ସମାଜର ଏଇ ଦୁଇ ମୁହାଁ ଚରିତ୍ରମାନଙ୍କୁ ଇଏ ଏକ ତର୍ଜନୀ ନିର୍ଦ୍ଦେଶ। ଏହି ସମାଜମନସ୍କ କବିଙ୍କ କଥାରେ, 'ଛାଡ଼ ଏବେ ତୁମ ଆମ କଥା/ଭାବ ତ ଦୁନିଆ ଆଉ/ ଏହି ସାମ୍ପ୍ରତିକ ସମାଜ ଓ ସାମାଜିକ/ମୁଖା ପିନ୍ଧା ମଣିଷର କଥା।' ଏଇଠି ସମାଜ ସଚେତନତାର କଥା ଯେତିକି ବାସ୍ତବ, ସେତିକି ମର୍ମାନ୍ତିକ ବି।

ଜହ୍ନ ରାତି ଓ ସମୁଦ୍ର କବିଙ୍କର ପ୍ରିୟ ମୁହୂର୍ତ୍ତ ଓ ସ୍ଥାନ। ଏଇଠି ରହିଛି ସ୍ୱପ୍ନରେ ବିଭୋର ହେବା ସହିତ ସ୍ମୃତିର ଅନ୍ତରଙ୍ଗ ନିଃଶବ୍ଦ ଆଳାପ। ଏହି କ୍ରମରେ କବିଙ୍କ କବିତାଗୁଡ଼ିକ ହେଉଛି - 'ତୋଫା ତୋଫା ଜହ୍ନରାତି, ସମୁଦ୍ର ଓ ମୁଁ', ସମୁଦ୍ର ସ୍ନାନ, କାଳୀଜହ୍ନ ଓ ତୁମେ, ଜହ୍ନ ସମୁଦ୍ର ଓ ମଣିଷ, ଝଡ଼ ରାତିରେ ଜହ୍ନ ଓ ସମୁଦ୍ରେ ଜହ୍ନ ରାତି।

ଏହି ସଇଁତିରିଶଟି କବିତାର ସଙ୍କଳନରେ ରହିଛି କବି ଓ କବିତାକୁ ନେଇ ଦୁଇଟି କବିତା- ସଂକଳନ ର ପ୍ରଥମ କବିତା 'ଜଣେ କବିଙ୍କ ସହ ସାକ୍ଷାତ କାର' ଓ 'କବି ଯେତେବେଳେ କବିତା ଲେଖୁ ନଥାଏ'। ଏ କବି ଦୁଇଜଣ ପ୍ରକୃତରେ ଜଣେ କବି ନା ଦୁଇ ଜଣ ଭିନ୍ନ? ସ୍ୱୟଂ କବି ପ୍ରମୋଦ ନୁହନ୍ତି ତ ? କବି ତାଙ୍କ ଗୋପନ ଆତ୍ମପକ୍ଷ ସହ କଥା ହେଉ ନାହାନ୍ତି ତ? କବିର ଦୁଃଖ ଥାଏ, ସେ ସେଥିରେ ସନ୍ତୁଳିତ ହେଉଥାଏ।କବି ପ୍ରମୋଦଙ୍କ ଭାଷାରେ, 'ମୁଁ ଏମିତି ଜଣେ କବିଙ୍କୁ ଚିହ୍ନିଛି। ସେ କୋହକୁ ଲୁଚାନ୍ତି/ହୃଦୟର ସାତ ତାଳ ନିଭୃତ କନ୍ଦର ରେ/ଲୁହକୁ ଲୁଚାନ୍ତି ସିଏ/ମୁଣ୍ଡ ତଳ ବୁଜୁଳାର/ତକିଆ ସନ୍ଧିରେ।' କବିଙ୍କ ସାକ୍ଷାତକାର ଶେଷରେ ଯେଉଁ ପରିଣତିର କଥା ରହିଛି ତାହା ବୋଧହୁଏ କବି ଓ କବିତାର ଉପପାଦ୍ୟ। ଉଦ୍ଧୃତିରେ ତାହା ହେଉଛି ଏହି ପରି :

'ମୋ ଜାଣିବାରେ/କବିଙ୍କୁ ମୁଁ ଚିହ୍ନି ଥିଲି/ସବୁଠୁ ଅଧିକା/ସେ କିନ୍ତୁ ରୋକ୍ ଠୋକ୍ କହିଦେଲେ/ତୁମେ ମୋତେ ଚିହ୍ନି ନାହଁ/ ଯାହା ବି ଚିହ୍ନିଛ କିଛି ବି ନୁହେଁ

ତାହା/ ଚିହ୍ନିନ ମୋ ତାଳରୁ ତଳିପା !'

ଏଇ ଶୃଙ୍ଖଳାରେ ଆରେକ କବିତା ହେଉଛି – କବି ଯେତେବେଳ କବିତା ଲେଖୁ ନଥାଏ। ଏଥିରେ ରହିଛି ଭାବର କଥା,ସହ ଭାଗିତାର କଥା ଓ ସହୃଦୟ ବର୍ଣ୍ଣନା। କବି ଏକ ଧ୍ୟାନରେ ଚାହିଁଛନ୍ତି ଏକ ଛେଳି ଚରୁଥିବା ଦୃଶ୍ୟକୁ। ଜଣେ କବି ସେହି ଛେଳି ଚରାଳି ଝିଅଟିକୁ ପଚାରୁଛନ୍ତି ତା'ର ଅନୁଭବ ଓ ପ୍ରତିକ୍ରିୟାର କଥା, ଯେଉଁଥିରେ ତାହାର ହସହସ ଉତ୍ତରରେ ଏକ ଦାରୁଣ ଦାରିଦ୍ର୍ୟର ଚିତ୍ର ଉକୁଟି ଉଠୁଛି। ତାହା ଏହିପରି :

'ଅଙ୍ଗ ହସି ଝିଅଟି କହିଲା / ଛେଳି ମାନେ ଖାଉଛନ୍ତି /ମୁଁ ତାଙ୍କ ଖୁସିରେ/ ଖାଲି ପେଟରେ ହସ ସାଉଁଟୁଛି / ଖୁସି ସାଉଁଟୁଛି/ପଚାରିଲି/ତୁ କଣ ଖାଇଛୁ ଯୋ/କାଲି ଦ୍ୱିପ୍ରହରେ ଦି ମୁଠା ଭାତ ଖାଇଥିଲା/ ସେ କହିଲା।' କିନ୍ତୁ କବିତା ଲେଖୁ ନଥିବା ବେଳର କବିଜଣ ପ୍ରଶ୍ନର ଉତ୍ତରରେ କହିଲେ, 'ତୁମେ ଯାହା ପଚାରି ବୁଝିଲ/ମୁଁ ତାକୁ ନିରେଖି ନିରେଖି/ପଢେ, ବୁଝେ/ଛେଳିର ପେଟ ଭରୁଥିବା ଦୃଶ୍ୟକୁ ଦେଖେ/ଛେଳି ଚରାଳି ଝିଅର/ଅଦୃଶ୍ୟ ଭୋକକୁ ପଢୁଥାଏ/ପଢୁଥାଏ ତାହା ଗୀତା ଆଉ ଭାଗବତ ପରି।' ଏ ହେଉଛି ସମାଜ ମନସ୍କ କବି ପ୍ରମୋଦଙ୍କ ଭାବବନ୍ଧନର କଥା, ଓ ସେଥିରେ ଗଢା ତାଙ୍କ କବିତା।

ସଂକଳନରେ ସ୍ଥାନିତ ହୋଇଛି ଏପରି ଆଉ କିଛି କବିତା ଯାହାକୁ ପାଠକ ମାନେ ସହୃଦୟତାର ପଢ଼ିବେ – ଯେମିତି ଭୋକର ସ୍ତବକ, ସ୍ୱଗୋତୋକ୍ତି, ଭାରତବର୍ଷ, ନିଃସଙ୍ଗ, ପଘା ଓ ରାସ୍ତା ପ୍ରମୁଖକୁ।

ଶେଷରେ ଏହି ସଂକଳନର ଶୀର୍ଷକ ଓ ଶେଷ କବିତା 'ମୁହୂର୍ତ୍ତେ ମୋକ୍ଷ'ର କଥା। ମଣିଷଟିଏ ସକଳ ବସ୍ତୁବାଦୀ ସଫଳତା ପାଇବା ପରେ ଭୁଲିଯାଏ ତା' ଚାରି ପାଖରେ ଥିବା ବା ଆଶ୍ରା ଲୋଡୁଥିବା ମଣିଷମାନଙ୍କୁ। ସେ ହୋଇଯାଏ ଉଦାସୀନ ଓ ପ୍ରତ୍ୟାଖ୍ୟାନ କରେ ସେହି ଆଶାୟୀ ମଣିଷମାନଙ୍କୁ। ସଫଳତା ଅର୍ଜନ କରିଥିବା ଲୋକଟି ଦେଖେ ତାହାରି ପ୍ରାପ୍ତି ସାରଶୂନ୍ୟ/ଖୋଜେ ମୁକ୍ତି, ଚାହେଁ ମୋକ୍ଷ ପ୍ରାପ୍ତି। କବି କହନ୍ତି, 'ତୁ ଖୋଜୁଛୁ ଯେ ଖୋଜୁଛୁ/ଗଙ୍ଗା, ଗୟା, ନର୍ମଦାରେ/ପୁରୀ, ବୃନ୍ଦାବନ, ହରି ଦ୍ୱାରରେ / ଗ୍ରାମ ଦେବତୀଙ୍କଠୁ ଆରମ୍ଭ କରି ନଦୀୟା ନବ ଦ୍ୱୀପ/ ଅକ୍ଷର ଧାମରେ/ଖୋଜୁଛୁ ମୋକ୍ଷ।' କବିଙ୍କ ସେହି ମୋକ୍ଷ ଲାଳାସୀ ବ୍ୟକ୍ତି ପାଇଁ ରୋକ୍‌ଠୋକ୍ ଶୁଣାଇ ଦିଅନ୍ତି :

ମୋକ୍ଷ ଏକ ପଥ ପୁଣି/ମୋକ୍ଷ ଏକ କକ୍ଷ
ଅର୍ଜିତ ପାପ ପାଇଁ/ମିଳିବ ବା କାହୁଁ/
ମାତ୍ର ମୁହୂର୍ତ୍ତ କେ/ମୁହୂର୍ତ୍ତେ ମୋକ୍ଷ।।

ଯୁବକବି ପ୍ରମୋଦଙ୍କ କାବ୍ୟ ଯାତ୍ରା ସୁଗମ ଓ ସମୁଜ୍ଜଳ ହେଉ ବୋଲି ଆଶା କରୁଛି। ତାଙ୍କ ପ୍ରଥମ କବିତା ସଂକଳନ 'ମାୟା ମୁହାଣ'ଠାରୁ ଏଇ ନୂଆ ସଂକଳନ ଆହୁରି ପୋଖତ। ଏହା ନିଶ୍ଚିତ ଅଧିକ ପାଠକାଦୃତ ହେବ ବୋଲି ମୋର ବିଶ୍ୱାସ ରହିଛି।

କ୍ଷୀରୋଦ ପରିଡ଼ା

ସୂଚିପତ୍ର

ଜଣେ କବିଙ୍କ ସହ ସାକ୍ଷାତକାର	୧୭
ଅବରୋଧ	୨୦
ଭୋକର ସ୍ତବକ	୨୨
ତୋଫାତୋଫା ଜହ୍ନରାତି ସମୁଦ୍ର ଓ ମୁଁ	୨୪
ସନ୍ଧି ସାରାକାଳ	୨୬
ସ୍ୱଗତୋକ୍ତି	୨୮
ଆଜିର ଦିନ	୨୯
ବୋଉ ଓ କଖାରୁ ଡଙ୍କ	୩୨
ସମୟ	୩୬
ଯାଜ୍ଞସେନୀ	୩୭
ଭାରତବର୍ଷ	୩୯
ମୁଖା	୪୦
ମୁକ୍ତିପଥ	୪୨
ସମୁଦ୍ରସ୍ନାନ	୪୪
ନିଃସଙ୍ଗ	୪୬
ସତ କହିବ ସଦାନନ୍ଦ	୪୮
ମାୟାମୃଗ	୫୦
ରାସ୍ତା	୫୨
ନିଜସ୍ୱ ପୃଥ୍ୱୀ	୫୪

ଫୁଟ୍‌ବଲ୍	୫୪
ମେଲାଣି	୫୮
ବୋଉ !	୫୯
ପଞ୍ଚା	୬୧
କିନ୍ତୁ	୬୩
ସତ କହିବ ସଦାନନ୍ଦ-୨	୬୪
ବିଷମ ସମୟ	୬୬
କାଳିଜହ୍ନ ଓ ତୁମେ	୬୮
ଜହ୍ନ ସମୁଦ୍ର ମଣିଷ	୭୦
ରାସ୍ତା	୭୨
ଝଡ଼ରାତିର ଜହ୍ନ	୭୪
ରହଣି ସମୟ	୭୫
ଏକାନ୍ତ ଉଦାର	୭୭
କବି ଯେତେବେଳେ କବିତା ଲେଖୁନଥାଏ	୭୯
ସମୁଦ୍ରେ ଜହ୍ନରାତି	୮୨
ବାପା : ସାରାକାଳ	୮୪
ଇଚ୍ଛା	୮୬
ଅସମାହିତ	୮୭
ମୁହୂର୍ତ୍ତେ ମୋକ୍ଷ	୮୮

ଜଣେ କବିଙ୍କ ସହ ସାକ୍ଷାତକାର

ଜ୍ୱଳନର ଇନ୍ଧନ କେହି
ନିକ୍ଷେପିଲେ
ତାଙ୍କୁ ଲକ୍ଷ୍ୟ କରି
ଆଦରରେ ସେ
କୋଳେଇ ନିଅନ୍ତି
ହୁତୁହୁତୁ ହୁତାଶନରେ
ନିଜକୁ ଜାଳନ୍ତି
ମୁଁ ଏମିତି ଜଣେ କବିଙ୍କୁ ଚିହ୍ନିଛି।

କୋହକୁ ଲୁଚାନ୍ତି
ହୃଦୟର ସାତତାଳ
ନିଭୃତ କନ୍ଦରରେ
ଲୁହକୁ ଲୁଚାନ୍ତି ସିଏ
ମୁଣ୍ଡତଳ ବୁଜୁଳାର
ତକିଆ ସନ୍ଧିରେ।

ନିଜ ସହ ନିଜେ ସିଏ
ବରାବର
ହେଉଥାନ୍ତି କଥା
ପାଣିରେ ବର୍ଷୁଥିବା
ବୁନ୍ଦାବୁନ୍ଦା ବର୍ଷା ପରି

ନିଜ ଭିତରେ ସେ କରୁଥାନ୍ତି
ନିଜର ସମୀକ୍ଷା ।

ଇଚ୍ଛାଟେ ପ୍ରକଟ କଲି
ନେବି ଏକ ସାକ୍ଷାତକାର
ମୋ ପ୍ରିୟ କବିଙ୍କର,
ମିଳିଗଲା ମୋତେ
କବିଙ୍କ ସମ୍ମତି ।

ଗଦାଗଦା କବିତା ଭିତରେ
ଜଗତର କଥା କହୁଥିବା
ହେ କବି, ତୁମେ କୁହ
କ'ଣ ପାଇଁ କ୍ଷୋଭ ତୁମର
କ'ଣ ପାଇଁ ଏ ଅସୀମିତ କୋହ ।

ମଳୟ ମନ୍ତ୍ରରେ ମନ୍ତୁରା
ମଣିଷଟି ପରି ଦିଶୁଥିବା
କବିଙ୍କ ଉତ୍ତର କିନ୍ତୁ ଥିଲା
ଦମକାଏ ଝାଞ୍ଜି ବାଆ ପରି
ସେ କହିଲେ –
ମୁଁ ଯେମିତିକା ମଣିଷଟିଏ
ଯେମିତି ମୋ ଆତ୍ମା ଓ ଅନ୍ତର
ଯେମିତି ମୋ ଛଳଛଳ ଅନୁରାଗ,
ଯେମିତି ମୋ ନିଜସ୍ୱ ବିଚାର
ସେମିତି ମୁଁ ନା କାହାକୁ ପାରିଲି ବୁଝାଇ
ନା କେହି ବି ବୁଝିଲେ ସେମିତି ?

ଏପରିକି ମୋ କବିତାର ବି ।

ମୋ କବିତାର ଶବ୍ଦମାନେ
ଧାଡ଼ିବାନ୍ଧି ପାଖକୁ ଆସନ୍ତି
ଆଉ କେହି ଇତସ୍ତତଃ
ଉଡୁଥାନ୍ତି ଶୂନ୍ୟ ଇଲାକାରେ
ମୁଁ ସେମାନଙ୍କୁ
ସଜାଏ, ରୂପ ଦିଏ
କମନୀୟ କବିତା ରୂପରେ।

ମୁଁ ଚିହ୍ନେ, ଜାଣେ,
ବୁଝେ, ଭଲପାଏ ସେମାନଙ୍କୁ
ସେମାନଙ୍କ ପାଇଁ କିନ୍ତୁ ମୁଁ
ଲାଗେ ଅଚିହ୍ନା ଅଚିହ୍ନା।

ମୋ ଜାଣିବାରେ
କବିଙ୍କୁ ମୁଁ ଚିହ୍ନିଥିଲି
ସବୁଠୁ ଅଧିକା
ସେ କିନ୍ତୁ ରୋକଠୋକ
କହିଦେଲେ
ତୁମେ ମତେ ଚିହ୍ନିନାହଁ
ଯାହା ବି ଚିହ୍ନିଛ
କିଛି ବି ନୁହେଁ ତାହା
ଚିହ୍ନିନ ମୋ ତାଳୁରୁ ତଳିପା।

■

ଅବରୋଧ

ନମନୀୟ ନମ୍ରତାରେ
ଲତାପରି ଲୋଟିଗଲି
ତେଜ୍ୟ କରି ଭିତରର
ସ୍ବପ୍ନ ଆଉ ଅହମିକା ଯେତେ ।

ନିମଗ୍ନ ମୋ ନତଜାନୁ ମୁଦ୍ରା
ହେଲା ସଂକୁଚିତ
ବାରମ୍ବାର ସହିସହି
ହିଂସାର ଶକ୍ତ ବେତ୍ରାଘାତ ।

ସମଗ୍ର ଶରୀର କ୍ଷତାକ୍ତ
ଅସହ୍ୟ ମୋ ରକ୍ତାକ୍ତ ଯନ୍ତ୍ରଣା
ମାନସିକ ଦହନରେ
ଜଳିଜଳି ଫୁଟାଇଲି
ଓଠରେ ମୋ ମିଛ ହସ ହାଟ ।

ସମର୍ପଣର ସଂକଳ୍ପରେ
ଚାଲିଲେ ମୋ
ଜୀବନର ଦ୍ରୁତଗାମୀ
ରଥ ଚକମାନେ ।

କିଏ ସେ ?
ନା ସେମାନେ
ଚତୁର ନା ଅତ୍ୟନ୍ତ ନିର୍ବୋଧ
ଯିଏ ଆସି କରିଛନ୍ତି
ମୋ ରଥ ଅତିକ୍ରମଣର
ପଥ ଅବରୋଧ।

ଭୋକର ସ୍ତବକ

କେଉଁଝରର କେଉଁ
ଅଖ୍ୟାତ ପାହାଡ଼ି ଗାଁର ଅନାମ
ଭାରତବର୍ଷର ଭାଗ୍ୟ ଭବିଷ୍ୟତ
ସ୍ୱାଧୀନତାର ସମ୍ପତ୍ତିକୁ ସମ୍ବଳ କରି
ଦଉଡୁଥିଲା କେନ୍ଦ୍ରାପଡ଼ାର
ଗୋଟେ କଂକ୍ରିଟ ଗାଁ ଦାଣ୍ଡରେ
ଧୁ ଧୁ ଖରାବେଳେ।

ଅନାମ,
ବୟସ ବାର
ସମୟ ଖଇଫୁଟା ଖରାବେଳ
ଆଖିରେ ଆଖିଏ ସ୍ୱପ୍ନ
ଟଙ୍କା ସୁନା କି ସମ୍ପତ୍ତି
ପାଇଁ ନୁହେଁ
ସ୍ୱପ୍ନ ସମ୍ଭାବନା ଆଶଙ୍କା
ସବୁକିଛି
ବାକିରେ ଦିଖଣ୍ଡ ବିସ୍କୁଟ।

ମୁଣ୍ଡ ଉପରେ ଖରାର ଅଦଉତି
ପାଦତଳେ ତାତିଲା ମାଟି
ଖରାଠୁ ଅଧିକ

ଅନାମକୁ ଜାଳୁଥିଲା
ପେଟ ଭିତରେ ଜଳୁଥିବା
ଦାଉଦାଉ ଭୋକ।

ଅନାମ
ମୋ କ୍ଷୁଧାମୁକ୍ତ ରାଷ୍ଟ୍ରର
ଗୋପନ ନାୟକ
ଯିଏ ପ୍ରଚଣ୍ଡ ନିଦାଘରେ
ମୁଠାଏ ଭାତକୁ ସ୍ୱପ୍ନ କରି
ଦି'ଖଣ୍ଡ ବିସ୍କୁଟ ପାଇଁ
ପଢୁଥିଲା
ଭୋକର ସ୍ତବକ।

■

ତୋଫାତୋଫା ଜହ୍ନରାତି ସମୁଦ୍ର ଓ ମୁଁ

କୋଟିଏ ଛାତିରେ
ଉଚ୍ଛୁଳା ଉଚ୍ଛନ୍ନ
ଶୀତଳତା ଭରି
ପ୍ରେମ ଆଉ ମିଳନର
ଚଉପଦୀ ପଢୁଥାଏ
ଅଗ୍ନିପୂର୍ଣ୍ଣିମାର ତୋଫାତୋଫା ଜହ୍ନରାତି ।

ଜହ୍ନର ଶୀତଳତା
ମନର ଉନ୍ମାଦନା ମୋର
ହଜିହଜି ଯାଇଥାଏ
ସବୁ କୁଆଁରାଙ୍କ
ଅଗ୍ନି ଉତ୍ସବର
ଅଗିକୋଠି
ହୁତୁହୁତୁ ନିଆଁର ଧାସରେ ।

ଜହ୍ନ ଯେବେ ହସୁଥାଏ
ପ୍ରେମ ଆଉ ମିଳନର ହସ
ମୋ ଦେହରେ
ଚରୁଥାଏ ଉତ୍ତାପର
ହଳାହଳ ବିଷ ।

ସମୁଦ୍ରର
ଛଳଛଳ ଜଳରାଶି
ଉତ୍ତାଳ ତରଙ୍ଗ
ଯେବେଯେବେ
ଗାଉଥାଏ
ମିଳନ ଗୀତିକା ।

ତୀରବାସୀ ପର୍ଯ୍ୟଟକମାନେ
ଭୁଲିଥାନ୍ତି
ଜଗତର ସକଳ ଜଞ୍ଜାଳ ।
ତପ୍ତ ବେଳାଭୂମିରେ
ମୁଁ ଖୋଜୁଥାଏ
ବୁନ୍ଦାଏ ଜଳର କଣିକା
ଶୋଷିତ ମୁଁ
ତୃଷିତ ମୁଁ
ସାରାକାଳ
ମୁଁ ଭିନ୍ନ ଏକ
ଦୁଃଖର କବିତା ।

ମୁଁ ତରଳ, ମୁଁ ସରଳ
ଭାବ ଆଉ ଭାବନାରେ
ଛଳଛଳ
କବିତାଟେ ସାରାକାଳ ସିନା ।

ମୋ ପାଇଁ ଆଜି ବି ଅବୋଧ
ଛଳଛଳ ଏ କବିତା
ସେମାନଙ୍କ ପାଇଁ
ଏମାନଙ୍କ ପାଇଁ
ଆଜିଯାଏ ଏଯାବତ୍
କାହିଁକି ଦୁର୍ବୋଧ ॥

ସନ୍ଧି ସାରାକାଳ

କାହାର ନା କାହାର ଅଗ୍ନି ସଂଯୋଗରେ
ମୁଁ ଜଳୁଥାଏ ହୁତୁହୁତୁ ହୋଇ
ପ୍ରତି ମୁହୂର୍ତ୍ତରେ ।
ଜ୍ୱଳନରେ କାହାକୁ
ଜାଳିବା ପୂର୍ବରୁ
ଅଧାଜଳା ଯନ୍ତ୍ରଣାରେ
ନିଆଁକୁ ମୁଁ ନିର୍ବାପିତ କରେ ।

କାହାର ନା କାହାର କ୍ରୂର ଦଂଶନରେ
ମୋ ଦେହରେ
ଭରିଯାଏ ହଳାହଳ ବିଷ ।
ଗରଳର ଗହ୍ୱରରେ
କାହାକୁ ନିକ୍ଷେପିବା ପୂର୍ବରୁ
ମୁଁ ନିଜେ ପଢ଼ି ସାରିଥାଏ
ନିଜସ୍ୱ ଗାରୁଡ଼ି ।

ଆଞ୍ଜୁଳିରେ ଏକାତ୍ମର ତଣ୍ଡୁଳ ମୋ
ଫିଙ୍ଗିଦିଏ
କିଏ ନା କିଏ
ବାରମ୍ବାର,

ମୋ ପ୍ରବଣତାର
ପ୍ରାଚୀରକୁ ଭାଙ୍ଗି ।
ଯୁଦ୍ଧର ଡାକରା ନଦେଇ
ମୋ ନିଜ ସହ ମୁଁ ନିଜେ
କରୁଥାଏ ସନ୍ଧି
ସାରାକାଳ ! ସାରାକାଳ !

ସ୍ୱଗତୋକ୍ତି

ତୁ, ତୁ କେମିତି
ଜାଣିବୁ ଯେ
ମୁଁ ଯେତିକିବେଳେ
ଭାଙ୍ଗିପଡ଼େ
ଠିକ୍ ସେତିକିବେଳେ
ମନେପଡୁ
ତୁ, ତୁ
ତୁ ହିଁ ବେଶୀ, ବେଶୀ ମନେପଡୁ ।

ମୁଁ, ମୁଁ ତତେ କହେନା !
ତୋର କେହି ନୁହଁ ବୋଲି
ତୁ କେବଳ ତୋ ସୁଖ ଜାଣୁ
ଏକଥା କହିବା ବେଳେ
ଏକଥା ବି ଜାଣିଥାଏ
ତୁ ସବୁରି କଥା ଜାଣୁ
ସମସ୍ତଙ୍କୁ ବୁଝୁ
ସବୁରିକୁ ବାଣ୍ଟୁ ତୋ ଭଲପାଇବା
ଅବଶ୍ୟ ସିଂହଭାଗ ଥାଏ ହିଁ ମୋର ।

ସତରେ ତୁ ମୋର
ଆଶା, ଆଶ୍ୱାସନା
ଦୁଃଖର ସାନ୍ତ୍ୱନା
ଯନ୍ତ୍ରଣାର ଉପଶମ ପାଇଁ
ଅନନ୍ୟ ଓ ଅବ୍ୟର୍ଥ ଉପାସନା ।

ଆଜିର ଦିନ

ମନ୍ତ୍ରପାଠରେ ମୁଗ୍ଧ ସମ୍ମୋହନ
ମୋହାଚ୍ଛନ୍ନ ମନ୍ତ୍ରିତ ମୁହୂର୍ତ୍ତ।
ହୋମାଗ୍ନି ହୁତୁହୁତୁ ନିଆଁର
ଉଚ୍ଛନ୍ନ ଉତ୍ତାପ।

ସେଦିନ ସେଇ
ଆଜିର ଦିନରେ
ମନ ମସ୍ତିଷ୍କ ହୃଦୟରେ
ଭରୁଥିଲେ ଅନେକ ରୋମାଞ୍ଚ।

ବେଦୀପୀଠରେ
ବୈଦିକ ଉଚ୍ଚାରଣ
ଉଚ୍ଚାଟ କରୁଥିଲା ବାରମ୍ବାର।

ଚଞ୍ଚଳ, ଚଳତ୍‌କ୍ଷମ ମନ
କେତେବେଳେ
ଉଦ୍‌ବେଳିତ
ତ କେତେବେଳେ
ଶୀତଠୁ ଶିଥିଳ।

ତୁମ ସହ ହାତରେ ହାତ
ଛନ୍ଦିବାର ସେଇ
ଅନନ୍ୟ ବେଳାରେ
କାହିଁକି କେଜାଣି ମୁଁ
ହେଇ ଯାଉଥିଲି
ଆକ୍ରାମାକ୍ରା
ଅଜସ୍ର ସନ୍ଦେହରେ ସନ୍ଦିହାନ।

ସନ୍ଦେହର ବୁଢ଼ିଆଣୀ ସୂତାରେ
ଛନ୍ଦି ହୋଇଯାଉଥିଲି
ସଂପୂର୍ଣ୍ଣ ଅପରିଚିତ ତୁମ ସହ
ଜୀବନ ତମାମର ବାଟ
ଚାଲିବି କେମିତି ?

ଏ ଭିତରେ ଅତିବାହିତ
ଅନେକ ସାଂସାରିକ ବର୍ଷ
ସନ୍ଦେହର ଜାଲକାଟି
ଜିଣି ନେଇଛ
ମୋର ସମଗ୍ର ବିଶ୍ୱାସ।

ଶୂନ୍ୟତାର ପ୍ରାପ୍ତି ନେଇ
ପ୍ରତିଦାନରେ
ଦେଇଛ ଅନେକ।
ପଣତରେ ଗଣ୍ଠିଧନ କରି
ବାନ୍ଧି ରଖିଛ ମୋ ପରିବାର
ମୋ ଜନ୍ମଦାତା
ମୋ ସହୋଦର
ସନ୍ତାନ ଓ ସପରିବାରକୁ
କରିଛ ଏକ ଓ ଏକାକାର।

ନିରବରେ ସହିଛ
ମୋ ସକଳ ଅଦଉତି
ମଥାପାତି ପାଳିଛ
ମୋ ଯାବତ ଠିକ୍ ଓ ଭୁଲ୍ ନିଷ୍ପତ୍ତି ।

ସତରେ ତୁମ ପାଖରେ
ଦାତା ବଦଳରେ
ମୁଁ ଗ୍ରହୀତାଟେ ସାରାକାଳ
ତୁମ ପରି ସହଯାତ୍ରୀଟେ ପାଇଁ
ପ୍ରାର୍ଥନା ମୁଁ କରୁଥିବି
ଆଜୀବନ
ଜନ୍ମ ଜନ୍ମାନ୍ତର ।

ବୋଉ ଓ କଖାରୁ ଡଙ୍କ

ଆଜି
ଆଜି କାହିଁକି ହଠାତ୍ ମନେ ପଡ଼ିଲା,
ଭାରି ମନେପଡ଼ିଲା,
ଖଞ୍ଜାଘର ଅଗଣାରୁ
ଚାଳକୁ ମାଡୁଥିବା
କଖାରୁଡ଼ଙ୍କ ଆଉ
ଖଞ୍ଜାର ବୋଝକୁ ବୋହି ଚାଲୁଥିବା
ବୋଉର କଥା ।

ଭାରି ମନେପଡ଼ିଲା
କଖାରୁ ଲଟାର
ଜନ୍ମଜାତକ
ଇତିବୃତ୍ତ
ବୋଉର ସକଳ ବୃତ୍ତାନ୍ତ ।

ମନ୍ଦା ଖୋଳି
ପରସ୍ତ ପରସ୍ତ ମାଟି ଖତ ଦେଇ
ମନ୍ଦା ସଜିଲ୍ କରିବାର କଥା
ମାଟି ପାଗ କରିବାର କଥା ।

ପାଗିଲା ମାଟିରେ
ମଞ୍ଜି ପୋତିବା ରାତିରେ
ବୋଉ କହୁଥିଲା ପେଟେ ଖା'
ପେଟଭରି ଖା'
ଗୁଞ୍ଜିଗୁଞ୍ଜି ଖୁଆଉଥିଲା
ପେଟ ଭରିଯାଉଥିଲା
କଖାରୁ ବେଶ୍ ଫଳିବ ବୋଲି।

ରାତିରେ ମଞ୍ଜି ପୋତିଦେବା ପରେ
କଖାରୁମନ୍ଦା
ପାଲଟି ଯାଉଥିଲା
ସତେ ଯେମିତି
ମାମୁଘର।

ପ୍ରତିଦିନର ସକାଳ
ଟାଣିନେଉଥିଲା
ମନ୍ଦା ଆଡ଼କୁ।

ଗଜାଉଠି ଧୀରେ ଧୀରେ
କଖାରୁ ଗଛ ଛିଡ଼ା ହେଉଥିଲା
କଅଁଳାଛୁଆ ପରି।

ଗଛ ଡଙ୍କଉ ଥିଲା
ନାସିମାନେ ଖୋଜୁଥିଲେ
ସାହାରା ଟିକିଏ
ଚଢ଼ିବାକୁ ଆମ ଘରଚାଳକୁ
ଛୁଇଁବାକୁ ସଂପର୍କର ନୂତନ ସୂତ୍ରକୁ।

ଡଙ୍କମାନେ
ଉଚ୍ଚାଟ ଉଚ୍ଛନ୍ନ ହେଉଥିଲେ
ଚାଳ ଛୁଇଁବାକୁ
ଯେମିତି କଅଁଳାଶିଶୁ
କୁହାଟ ଛାଡ଼େ
ମା' କୋଳକୁ ଡେଇଁ ପଡ଼ିବାକୁ ।

ମୋ ସହିତ ସବୁରି
ଆଦର ଯତ୍ନରେ
କଖାରୁ ଡଙ୍କମାନେ
ସାରା ଚାଳଛପରରେ
ପକ୍ଷ ବିସ୍ତାରିଲେ
ସଂପର୍କର ସୂତ୍ରକୁ ମଜଭୁତ କରି ।

ଏବେ ସାରା ଚାଳରେ
କଖାରୁଗଛ-ଡଙ୍କପତ୍ର
ସବୁଜ ସବୁଜ ଆମ ଘର ଛପର ।

ଖରାରେ ଚକ୍‌ଚକ୍ ଚିକଣିଆ
ଦିଶୁଥିବା ପତ୍ରମାନେ
ମେଘିଲା ଦିନରେ ଟପ୍‌ଟପ୍
କରି ଶୁଣାଇଲେ
ବୋଉର ନାନାବାୟା ଗୀତ ପରି
କେତେକେତେ ଗୀତ ।

ଗୀତ ଶୁଣାଉଶୁଣାଉ
ଡଙ୍କମାନେ ଫୁଲମତୀ ହେଲେ
ଫଳବତୀ ହେଲେ

ଢେର୍ ଫଳ ପରେ
ମଉଳିବା ଆରମ୍ଭ କରିଦେଲେ,
ଝାଉଁଳି ପଡ଼ିଲେ।

ଦିନେ ଦେଖେ ତ ଚାଳସାରା
ମାଡ଼ିଥିବା ସବୁତଙ୍କ
ଉଲାରି ହୋଇପଡ଼ିଛି
ମନ୍ଦା ଭିତରେ
ସାବଜା ନୁହେଁ ମୋଡ଼ିମକଚି ହୋଇ
ପାଉଁଶିଆ ପାଣ୍ଡୁର ରଙ୍ଗରେ।

ଏଇ କଖାରୁ ତଙ୍କପରି
ବୋଉ ବି ସେଦିନ
ମୋତେ ଦିଶିଥିଲା
ତା ଜୁଇରେ
ଶୋଇଥିବା ବେଳେ।
ମୁଁ ଟେକିଦେବା ପୂର୍ବରୁ
ମୁଖାଗ୍ନିର ଜଳନ୍ତା ବୋରିଆ।

■

ସମୟ

ମେଘ ଖଣ୍ଡର
ବଳୟ ଭିତରେ
ଚକ୍କର କାଟୁଥିବା ପକ୍ଷୀ
ବିଭୋର ପଣିଆରେ
ଛୁଇଁଯାଏ ମାଟି,
ସମୁଦ୍ରର ଗଭୀର ଜଳରାଶିରେ
ଜଳକ୍ରୀଡ଼ା କରୁଥିବା ମାଛ
ଦେଖୁଥାଏ ଆକାଶର ସ୍ୱପ୍ନ
ଗାଁ ଦାଣ୍ଡରେ କଅଁଳା ବାଛୁରି
ସହିତ ଡିଆଁ ମାରୁଥିବା ଶିଶୁ
ଶୂନ୍ୟରେ ଥାପୁଥାଏ ପାଦ।

ଜହ୍ନରାତିରେ ଆକାଶକୁ
ଚାହିଁଥିବା ଅନୂଢ଼ା କିଶୋରୀ
ଜହ୍ନର ଅଙ୍ଗନରେ
ଗଢ଼ି ଚାଲିଥାଏ ସ୍ୱପ୍ନର ମହଲ
ପାହାଡ଼ ଚୂଡ଼ାରେ
ଚଞ୍ଚୁରେ ଚଞ୍ଚୁ ଘଷୁଥିବା
ପକ୍ଷୀ ଯୁଗଳ
କରୁଥାନ୍ତି
ସମୟର ହିସାବ କିତାବ।

ଯାଜ୍ଞସେନୀ

ଗୋଟିଏ ମୁକ୍ତ କବରୀ
ଗୋଟିଏ ସଂକଳ୍ପ
କୋଟିଏ ରକ୍ତଧାର ରଂଜିତ କରି
ରଚିଲା କି ମହାଭାରତ !

ସେ ସଂକଳ୍ପ
କଠୋର ଦାବାଗ୍ନିର
ଦାଉଦାଉ ଉଦ୍‌ଗୀରଣ
ନା
ପ୍ରିୟତମ ଇଜ୍ଜତ
ଆଉ ଇମାନଦାରିର
ଅମାନତ ।

ମୁକୁଳା ସେ କେଶରାଶି
ସଶକ୍ତ ଜାନୁଭଗ୍ନର
କ୍ରିୟା ଓ କାରଣ
ଅହଂକାରର ଉନ୍ମତ୍ତ
ପ୍ରବାହ ଉପରେ
ପ୍ରଚଣ୍ଡ ପ୍ରହାର ।

କାହିଁ ଗଲ ଯାଜ୍ଞସେନୀ
ପ୍ରତିନିଧି
ନାରୀ-ନାରୀତ୍ୱର
ସ୍ୱରଟିଏ
ଅବଳା-ଦୁର୍ବଳା
ନମ୍ର ଦୂର୍ବାଦଳର।

ପରୀର ଲେଗିନ୍ସ
ଉପାଖ୍ୟାନ
ବିଚକ୍ଷଣ ତଦନ୍ତ ବୟାନ!
ଝରାଫୁଲ
ମୃତ୍ୟୁ ଝୁଲଣାରୁ
ତୁହାଇ ତୁହାଇ ଶୁଭୁଛି ସ୍ୱର।

ଶୁଭୁଛି ଅସ୍ପଷ୍ଟ ଧ୍ୱନି
ଆଉଥରେ
ଆଉଥରେ
ଆସ ଯାଜ୍ଞସେନୀ!

ଭାରତବର୍ଷ

ଲାଲ୍ ରକ୍ତର ଲେଲିହାନ
ସ୍ୟାହିରେ ଲେଖା
ଯା'ର ଅଧା ଫର୍ଦ୍ଦ
ଆଉ ଅଧା
ଅହିଂସାର କଅଁଳ କାଳିରେ
ସେଇ, ସେଇ ମୋ ଭାରତବର୍ଷ।

ବିବିଧ ବର୍ଣ୍ଣବିଭାରେ
ବର୍ଣ୍ଣିଳ
ଗରିୟାନ, ଗରିମାମୟ
ଯାହାର ଚିତ୍ରିତ ଇତିହାସ
ସେଇ, ସେଇ ମୋ ଭାରତବର୍ଷ।

ଅଦମନୀୟ, ଅନମନୀୟ
ମୋର ସମ୍ବିଧାନ
ମୋ ସମ୍ବଳ, ମୋ ସନ୍ତକ
ମୋ ନିଃଶ୍ୱାସ ମୋ ପ୍ରଶ୍ୱାସ
ସେଇ, ସେଇ ମୋ ଅଖଣ୍ଡ ଭାରତବର୍ଷ।

ମୁଖା

ମୁଁ ଦେଖିଛି ସେମାନଙ୍କୁ
ଯେଉଁମାନେ
ବସ୍ତ୍ରଦାନ କରୁଥିଲେ
ସେଦିନ ଦୀନଜନମାନଙ୍କୁ
ମୁଁ ଦେଖିଛି
ସେମାନଙ୍କ ମୁହଁରେ
ଦାନୀକର୍ଣ୍ଣର
ଗଡ଼ଜୟୀ ହସ ।

ମୁଁ ଶୁଣିଛି ବି ସେମାନଙ୍କର
ବିକଟାଳ ହସ
ଯେଉଁମାନେ
କିଟିମିଟିଆ ଅନ୍ଧାରରେ
ଅଟ୍ଟହାସ୍ୟ କରୁଥିଲେ
ବସ୍ତ୍ରହରଣ କରି
ଗୋଟେ ନିଃସହାୟା
ନାବାଳିକାର ।

ସତରେ
ମୁଁ କିନ୍ତୁ ଦେଖି ପାରିନାହିଁ

ସେମାନଙ୍କର ମୁହଁ
ସେତେବେଳେ
ଦିଶୁଥିଲା
କେମିତି ? କେମିତି ?

ଅବଶ୍ୟ
ସଫେଦ ଆଲୁଅରେ
ସେମାନଙ୍କ ମୁହଁ
ଦିଶୁଥିଲା ସେମିତି
ସେଦିନ
ବସ୍ତ୍ରଦାନ କରୁଥିବା
ଦାନୀମାନଙ୍କ ମୁହଁ
ଦିଶୁଥିଲା
ଯେମିତି, ଯେମିତି ।

ମୁକ୍ତିପଥ

ବିଶାଳ କାଳଖଣ୍ଡର ସମୟାବଧି
ଚେତନା ସତ୍ତାକୁ
ଯେତିକି ପରିପକ୍ୱ କଲା
ଛଳଛଳ ମୋ ସକଳ ମୋହମାୟା
କ୍ରମଶଃ ତତୋଧିକ
ଶକ୍ତ ଆଉ ସୁଦୃଢ଼ ହେଲା ।

ମୋହମାନେ
ମୋହଗ୍ରସ୍ତ ହେଲେ
ମତେ ଯେତିକି ପ୍ରଭାବିତ
ଦ୍ରବୀଭୂତ କଲେ
ମୋ ମୋହର ମହାଚରିତ୍ରମାନଙ୍କୁ
ବୋଧହୁଏ ତା'ଠୁ ଅଧିକ
ଶିକାରୀ ବନାଇଲେ ।
ମୋ ଯାବତ୍ ପ୍ରେମ ସବୁ ପାଲଟିଲା
ନିର୍ବୋଧତା
ମୋ ସେବା, ମୋ ମୋହ
ନିଷ୍କପଟ ସରଳତାର
ସଂଜ୍ଞାମାନେ ବୋଧହୁଏ
ଲିପିବଦ୍ଧ ହେଲେ

ପୃଥ୍ୱୀର ସର୍ବଶ୍ରେଷ୍ଠ
ବୋକା, ଆଉ ନିର୍ବୋଧ ଉପାଖ୍ୟାନରେ।

ସକଳ ସକାରାତ୍ମକ
ଆଚରଣ ଓ ଉଚ୍ଚାରଣର
ପ୍ରତ୍ୟୁତ୍ତରମାନେ
ତୀରନ୍ଦାଜମାନଙ୍କ ତୀକ୍ଷ୍ଣ ତୀରରେ
ହେଲେ କ୍ଷତବିକ୍ଷତ।

ଏବେ
ସମଗ୍ର ଶରୀରରେ ଠାଏ ଠାଏ
ଗାଢ଼ ଲହୁ
ଆଖିରେ ଭର୍ତ୍ତି ଅସରା ଅସରା
ଚିପୁଡ଼ା ଲୁହ
ମୁଁ କ୍ଷତାକ୍ତ, ରୁଧିର
ଖୋଜୁଛି
ମୁକ୍ତିର ପଥ।

■

ସମୁଦ୍ରସ୍ନାନ

ବାଥ୍‌ରୁମ୍‌ର ନିବୁଜ କୋଠରି
ମଖମଲି ଚଟାଣରେ ନୁହେଁ
ସମୁଦ୍ରସ୍ନାନ କରୁଥିଲା
ଆଜି ଖୋଲା ଆକାଶ ତଳେ
ଏକବାର ଖୋଲମଖୋଲା ।

ଅନେକ ସ୍ନାନ ଆଉ
ସାନ୍ନିଧ୍ୟର ସହଚର
ଅନେକ ଦେହର
ଧୂଳି, ମଳି ପାପପଙ୍କ ଧୋଇ
ପବିତ୍ରତାର ପୁଣ୍ୟ
ପ୍ରମାଣପତ୍ର ଦେଉଥିବା
ସମୁଦ୍ର ଆଜି ଗାଧୋଉଥିଲା
ଏକବାର ଖୋଲମଖୋଲା ।

ସତରେ ପେଣ୍ଟ ବେଳାଭୂମିରୁ
ସମୁଦ୍ର ଗାଧୁଆର ଦୃଶ୍ୟ
ଏକବାର ନିଆରା, ନିଆରା
ଉତ୍ତାଳ ସମୁଦ୍ରର ଅଝାଳ ଦେହ
ବର୍ଷାରେ ଭିଜୁଥିଲା

ଅନୂଢ଼ା କିଶୋରୀର
ଢେଉଭଙ୍ଗା ଯୌବନ
କାହାର ଅଦଉତିରେ
ନିସ୍ତେଜ ହେଇଯିବା ପରି
ସମୁଦ୍ରର ସାରା ଦେହ
ବର୍ଷାରେ ଭିଜୁଥିଲା
ସମୁଦ୍ର ଦେହ ଧୋଉଥିଲା
ଏକବାର ଖୋଲମଖୋଲା।

ସମୁଦ୍ର ଠୁ ଆହୁରି
ଅମାପ, ଅମାନିଆ
ଲାଗୁଥିଲା ଆଜିର ବର୍ଷା
ସବୁଦିନ ପରି ଆଜି ବି
ସମୁଦ୍ର ମୋ ପାଇଁ ଥିଲା
ଅବୁଝା, ଅବୁଝା
ବୁଝି ପାରୁ ନଥିଲି
ବର୍ଷା ସମୁଦ୍ରରେ
ପାପ ଧୋଉଥିଲା
ନା ସମୁଦ୍ର
ବର୍ଷାରେ ଦେହ ପଖାଳୁଥିଲା
ଏକବାର ଖୋଲମଖୋଲା।

■

ନିଃସଙ୍ଗ

ନିଃସଙ୍ଗତା
ଦଣ୍ଡ ନା ବିଳାସ
ଉଚ୍ଛ୍ୱାସ ନା ବିଳାପ ।
ନିର୍ବାସନ
କାରାଦଣ୍ଡ
ବାସନ୍ଦ
ଦଣ୍ଡ ପର୍ଯ୍ୟାୟଭୁକ୍ତ
ଶାସକ
ବିଚାରକ
ବିଚାରର ମାପଦଣ୍ଡରେ
ଦଣ୍ଡିଥାନ୍ତି
ଅଭିଯୁକ୍ତକୁ
ସ୍ଥାନ, କାଳ, ପାତ୍ର
ଆଉ
ଅପରାଧର
ପ୍ରକାର ଭେଦରେ ।
ଅଭିଯୁକ୍ତ
ଦୋଷୀଟିଏ
ଭୋଗକରେ
ନିର୍ଜନ, ନିଃସଙ୍ଗତା
ନିଃସହାୟ ହୋଇ ।

ମୁଁ
ମୁଁ କିନ୍ତୁ
ନିଜସ୍ୱ
ବିଚାରଧାରାରେ
ବରି ନିଏ
ନିଃସଙ୍ଗତା
ବେଳେବେଳେ ।
ଆତ୍ମଗୋପନ
ନିର୍ବାସନରେ ରହି
ଦୂରେଇ ଯାଏ
ସାଥୀ, ସହୋଦର
ଆତ୍ମୀୟ, ସ୍ୱଜନଙ୍କଠୁ
ଯୋଜନ ଯୋଜନ ଦୂରରେ
ରହେ
ନିର୍ଜନରେ
ନିଜସ୍ୱ ଇଚ୍ଛାରେ ।

ସତ କହିବ ସଦାନନ୍ଦ

ଆସ, ତ ସଦାନନ୍ଦ
ଟିକେ ବସି କଥାହେବା ।

ସଦାନନ୍ଦ ! ସତ କହିବ
ଏକଥା ତୁମ ରାଜନୀତି, କୂଟନୀତି
ଆବାସ ଯୋଜନା
କିରାସିନି କାର୍ଡର
ମାରପେଞ୍ଚ କଥା ନୁହଁ ।

ମୁଁ ପଚାରିବି
ରକ୍ତରେ ନିଆଁ ଲାଗିବାର କଥା
ଶରୀରଭେଦ କଥା ।

ଆଚ୍ଛା, ସତ କହିବ ସଦାନନ୍ଦ
ତୁମ ଭିତରେ ତୁମେ
ଆଉ ଜଣଙ୍କୁ
ଭେଟ କି ପ୍ରତି ମୁହୂର୍ତ୍ତରେ ।

ଯିଏ ତୁମ ଭିତରେ ଥାଇ
ତୁମ ସହ ହସେ, କାନ୍ଦେ
ତୁମକୁ ପ୍ରବର୍ତ୍ତାଏ
ପ୍ରତିରୋଧ ବି କରେ।

ବେଳେବେଳେ
ପ୍ରଚଣ୍ଡ ଗ୍ରୀଷ୍ମପ୍ରବାହର
ଝାଞ୍ଜି ଝଡ଼ ପରି
ତୁମ ଭିତରେ
ରଚେ ଘୂର୍ଣ୍ଣିଝଡ଼
ରକ୍ତରେ ଲଗାଏ ନିଆଁ
କେତେବେଳେ
ଫଗୁଣର ମଳୟପରି
ତୁମକୁ କରିଦିଏ
ଶିହରିତ ଆଉ ରୋମାଞ୍ଚିତ।

ଝାଞ୍ଜିର ଉତ୍ତପ୍ତ ଉତ୍ତାପ
ତୁମକୁ ପ୍ରତିକ୍ରିୟାଶୀଳ
କରିବାର ବେଳେ
ସତ କୁହ ସଦାନନ୍ଦ ତାକୁ
କିଏ କରେ ପ୍ରତିରୋଧ।

ଅବଶ୍ୟ ନ କହିଲେ ଚଳିବ
ମୁଁ ଜାଣିଛି
ମଳୟକୁ ତୁମେ
ତୁମ ଇଚ୍ଛାରେ ହିଁ
ମନଭରି କର ଉପଭୋଗ।

■

ମାୟାମୃଗ

ଏଇ ମୃଗ ଦିନେ
ସ୍ୱର୍ଣ୍ଣ ଆଚ୍ଛାଦିତ ହୋଇ
ମତିଭ୍ରମ କରିଥିଲା
ମାୟାମୃଗ ସାଜି ।

ସକଳ ବାରଣ ସତ୍ତ୍ୱେ
ଅଟଳ ରହିଥିଲେ
ପଞ୍ଚବଟୀ ପର୍ଣ୍ଣକୁଟୀରର
ଶ୍ରୀରାମ ଘରଣୀ ।

ମାୟାମୃଗ
ସେଦିନ ଯେଉଁ ମାୟା
ରଚିଥିଲା
ଘଞ୍ଚ ବନାନୀରେ ।

ସତୀ ସୀତା ହରଣର
ସୂତ୍ରଧର ମୃଗ
ଆଜି ବି ଡେଉଁଛନ୍ତି
ଲମ୍ଫ ଦେଇ
ସହସ୍ର ସଂଖ୍ୟାରେ ।

ପଛେପଛେ ଧାଉଁଛନ୍ତି
ରାମଚନ୍ଦ୍ର ବଦଳରେ
ଅସଂଖ୍ୟ ରାବଣ।

ସୀତା ନୁହେଁ
ସତୀତ୍ୱ
ହରଣ ପାଇଁ।।

■

ରାସ୍ତା

ଚାଲି ଶିଖିବା ଠୁ
ରାସ୍ତା ସହ
ସମ୍ପର୍କ ଯୋଡ଼ିଛି
ପାଦ ପାପୁଲି ସଙ୍ଗେ
ରାସ୍ତାର ସମ୍ପର୍କକୁ
ନିବିଡ଼ କରିଛି ।

ପାଦ ପରେ ପାଦ
ଏ ଭିତରେ
ଅନେକ ରାସ୍ତା ଚାଲିଛି
ଅନେକ ସୁନ୍ଦର ଓ ଅଜବ
ରାସ୍ତାଙ୍କୁ ଭେଟିଛି ।

ବେଳବେଳେ
କିଛି ରାସ୍ତା ଲାଗନ୍ତି
ନିଜର, ନିଜର
ଏକାନ୍ତ ଆତ୍ମୀୟ
କିଛି ରାସ୍ତା ଖାଁ ଖାଁ
ସାତପର ।

ଅନେକ ରାସ୍ତା
ଅତିକ୍ରମ କରି ସାରିଲିଣି
ଭୁଲି ସାରିଲିଣି
ବହୁ ରାସ୍ତାର ଚିତ୍ର ଓ ଚରିତ୍ର
ଅଳ୍ପ ରାସ୍ତା
ଏବେ ବି ମୋର
ଅତି ଆପଣାର।

ମୋ ଉପରେ ପ୍ରଭାବ ଶୂନ୍ୟ
ରାସ୍ତାଗୁଡ଼ିକ ଭିତରୁ
କେତେକ ରାସ୍ତା ସହ
ଏବେ ବି ଭେଟାଭେଟି ହୁଏ
ପ୍ରାୟ ନିତି, ପ୍ରତିଦିନ
କିନ୍ତୁ ସେମାନେ
ମୋ ଚିନ୍ତା-ଚେତନାରେ
ଏକବାର ନିର୍ଜନ, ନିର୍ଜନ।

ଅଥଚ
ବହୁ କାଳ ହେଲା
ଭେଟ ହୋଇ ନଥିବା
ବହୁ ରାସ୍ତା
ଏବେ ବି ଅଭୁଲା, ଅପାସୋରା
ଅବିସ୍ମରଣୀୟ
ସାରାକାଳ, ସାରାକାଳ।

ନିଜସ୍ୱ ପୃଥ୍ୱୀ

ଦୃଶ୍ୟମାନ ଜଗତ ବାଦ୍
ପ୍ରତିଟି ମଣିଷର ଥାଏ
ବୋଧହୁଏ
ଗୋଟେ ନିଜସ୍ୱ ଜଗତ
ସ୍ୱପ୍ନର ଇଲାକାରେ
ବେଳେବେଳେ
ବାସ୍ତବ ଭୂଇଁରେ
ସେଇଠି
ସେଇ ମଣିଷଟି
ହେଉଥାଏ ଆତଯାତ।

ଏମତି ଏକ ନିଜସ୍ୱ ପୃଥ୍ୱୀ
ଅଛି ମୋର
ବିଶାଳ ଜଗତ ବାଦ୍
ଏ ପୃଥ୍ୱୀ ଅଛି ବୋଲି ତ
ମୁଁ ଅଛି
ଜୀବନ ଜୀଉଁଛି
ମୋ ନିଜସ୍ୱ ଇଚ୍ଛାରେ।
ମୋର ସକଳ ସ୍ୱପ୍ନ, ସମ୍ଭାବନା
ଚିନ୍ତା ଓ ଚେତନା
ବିଚାର ଓ ବିବେକ
ନିଷ୍ପତ୍ତି ଓ ନିଷ୍କର୍ଷ
ଭାବ ଓ ଭାବନା ହିଁ
ମୋ ନିଜସ୍ୱ ପୃଥ୍ୱୀର
ସମ୍ବଳ ଓ ସମ୍ପତ୍ତି।

■

ଫୁଟ୍‌ବଲ୍‌

ଫୁଟ୍‌ବଲ୍‌
ଜୀବ ନା ନିର୍ଜୀବ
ଚେତନାବାହୀ, ସ୍ପର୍ଶକାତର
ଜୀବଟିଏ ନା ଚେତାଶୂନ୍ୟ
ନିଥର, ନିରୀହ, ନିଛକ ବସ୍ତୁଟେ।
ପଡ଼ିଆରେ ଗଡୁଥିବା ବେଳେ
ଊର୍ଦ୍ଧ୍ୱକୁ ଉଡ଼ାଣ ବେଳାରେ
ମତେ ବେଳେବେଳେ
ଲାଗେ ଫୁଟ୍‌ବଲ୍‌
ନିହାତି ନିରୀହ ଜୀବଟେ।

ଫୁଟ୍‌ବଲ୍‌ର ଚିକଣ
ଚେହେରା ଭିତରେ
ମୁଁ ମୋ ନିଜକୁ ଦେଖେ
ଫୁଟ୍‌ବଲ୍‌ ଭାଗ୍ୟରେଖା ସହ
ଯୋଡ଼େ ମୋ ଭାଗ୍ୟକୁ।
ମୋ ଜୀବନର
ତମାମ ଘଟଣା ପ୍ରବାହ
ମୋ ଚାରିପାଖର
ପ୍ରିୟ ପରିଜନ
ମତେ ଲାଗନ୍ତି

ଫୁଟ୍‌ବଲ୍ ଖେଳାଳୀ ପରି।
ଯେଉଁମାନଙ୍କ
ଶୃଙ୍ଖଳା, ନିୟମ, କର୍ତ୍ତବ୍ୟ
ଫୁଟ୍‌ବଲ୍ ସହ
କ୍ରୀଡ଼ା ବାହାନାରେ
ଫୁଟ୍‌ବଲ୍‌କୁ
ପଦାଘାତ ପରେ
ପଦାଘାତ କରିବେ
ଭିନ୍ନଭିନ୍ନ, ବିଭିନ୍ନ
ପ୍ରକାରେ।
ଫୁଟ୍‌ବଲ୍ ଭିତରେ
ମୁଁ।

ଟିକିଏ ହାତଆଉଁଶା
ବିଶାଳ ବୈକଲ୍ୟ।
ଭାଗ୍ୟରେ ପଡ଼େ କିନ୍ତୁ
ପ୍ରଚଣ୍ଡ ପଦାଘାତ।
ଫୁଟ୍‌ବଲ୍‌ରେ
ହାତ ବାଜିଲେ ପାପ
ହ୍ୟାଣ୍ଡ ବଲ୍
ଦଣ୍ଡରେ ଦଣ୍ଡିତ।
ଟିକିଏ ହାତସ୍ପର୍ଶ
ଚିମୁଟାଏ ଆଦର
ପାଇଁ ମୁଁ ବ୍ୟସ୍ତ, ବିବ୍ରତ
ମୋ ଚାରିପାଖର
ପ୍ରିୟ କ୍ରୀଡାବିତମାନେ କିନ୍ତୁ
ପାଦ ଟେକି
ସତତ ଜାଗ୍ରତ।

ଫୁଟ୍‌ବଲ୍‌ର
ଭାଗ୍ୟରେଖା ନେଇ
ମତେ ଏବେ
ହେବାକୁ ପଡ଼ିବ
ସଶଙ୍କ, ପ୍ରସ୍ତୁତ ।

ମେଲାଣି

ଦୂରନ୍ତ ଦିଗବଳୟ
ଗର୍ଭଗୃହକୁ
ସ୍ୱର୍ଣ୍ଣିମ ବିଦାୟ
ଆଉଟା ସୁନାର
ସୁନାରଙ୍ଗୀ
ବାହୁଡ଼ା ମେଲାଣି ।

ଆଲୁଅର
ଯବନିକା ଟାଣି
ଅନ୍ଧାରରେ
କରୁଛୁ ସର୍ଜନା
ଆଲୋକର ସ୍ରଷ୍ଟା
ଦେଇ କି ପାରିବୁ
ଅନ୍ଧାର ଠିକଣା ।

ଅନ୍ଧାର ପଥର
ପଥିକଟିଏ ମୁଁ
ଖୋଜୁଛି
ପାଇବା ପାଇଁ
ଜାଣି ମୁଁ ଅଜଣା
ହରାଇଛି ଯାହା
କେବେବି
ପାଇବି ନାହିଁ ।

ବୋଉ !

ଗୋଟେ ନିବିଡ଼ ଓ ମଧୁର ପ୍ରଶ୍ୱାସ
ବୋଉ !
ଗୋଟେ ପ୍ରଲମ୍ବିତ ପ୍ରଚଣ୍ଡ ଦୀର୍ଘଶ୍ୱାସ
ସେଦିନ ସକାଳେ
ବୋଉ ମତେ
ଅସ୍ତବ୍ୟସ୍ତ କଲା
ବୋଉର
ସକଳ ଭଲ ପାଇବା
ଲୁହ ହେଇ
ଆଖିରୁ ବର୍ଷିଲା
କିଛି ଦୀର୍ଘଶ୍ୱାସ
ଶବ୍ଦ ହେଇ
କବିତାର ରୂପ ନେଇଗଲା ।

ରୋଗଶଯ୍ୟାରେ ବୋଉ
ମୋ ଆଖିରେ ଲୁହର ଶ୍ରାବଣ
କଣ୍ଠରୁ ନିନାଦିତ
ବୋଉ- ପୀଡ଼ାର କବିତା
ବୋଉ
କବିତା ଶୁଣୁଥିଲା
ହଠାତ୍ ମୋ ଆଖିକୁ ଚାହିଁଲା

ବନ୍ଦକର କବିତା
ଧୀରସ୍ୱରରେ କହିଲା।
ସେଦିନ ରାତି
କାଳରାତି
ମୋ ବୋଉ
ନ ଥିଲା
ମତେ କହିବାକୁ କଥା
ଶୁଣିବାକୁ
ବୋଉ ଯନ୍ତ୍ରଣାର
ବାହୁନା କବିତା।

■

ପଘା

ଗାଁ ଦାଣ୍ଡରେ ନିଧଡ଼କରେ
ଦୌଡୁଥିବା
ଲକ୍ଷ୍ୟହୀନ କଅଁଳା ବାଛୁରି।
ଗାଡ଼ି, ଘୋଡ଼ା, ମଟର ଟାପୁ ଲଗାଇ
ନିର୍ଦ୍ଦିଷ୍ଟ ଲକ୍ଷ୍ୟରେ
ଅଣନିଃଶ୍ୱାସୀ ଧାଉଁଥିବା
ରାଜରାସ୍ତାର ମଣିଷ
କଅଁଳା ବାଛୁରି ବେକରେ
ପଘା ପରି
ମଣିଷ ଗଳାରେ ଝୁଲୁଛି
ଲକ୍‌ଡାଉନର ଫାଶ।

ଖାଉନ୍ଦ ହୃଦୟରେ
ଚାପିଛି ପଥର
କଅଁଳ ଛନଛନ
କଅଁଳା ବାଛୁରି
ପିନ୍ଧିଛି ଶୃଙ୍ଖଳ।
ଗୁହାଳ ଭିତରେ ବାଛୁରିର
ବିକଳ ହମ୍ବାରଡ଼ି
ଦୁଆରେ ତାଟିକବାଟ।

ଖାଉନ୍ଦ ଆଖିରେ
ଆଖିଏ ଲୁହ
ଯନ୍ତ୍ରଣାରେ ଜୁଡୁବୁଡୁ
ଦୌଡ଼ନ୍ତା ଶାବକ ।
ଚାରିଆଡ଼େ ଶୂନଶାନ୍
ନିଃଶବ୍ଦ, ନିଃଶବ୍ଦ
ଦୁଆର ମୁହଁରେ ଆଁ କରି
ବସିଛି ମହାବଳ ବାଘ ।
ଲକ୍‌ଡାଉନରେ
ବିଚାରା ମଣିଷ !

■

କିନ୍ତୁ

ବୁନ୍ଦାଏ ଲୁହ
ଭାଙ୍ଗିଦିଏ
ପାହାଡ଼ ପ୍ରମାଣ
ଅହମିକା ।

ଚେନାଏ ହସ
ଟାଳିଦିଏ
ଯୁଗଯୁଗର
ବିବାଦ,
ପୋଛିଦିଏ
ହିଂସା, ଦ୍ୱେଷର
ଇମାରତ

ପଦୁଟିଏ କଥା
ଯୋଡ଼ିଦିଏ
ସମ୍ପର୍କର ସେତୁ
ତେବେ ?
ତେବେ
କ'ଣ ଯେ
ଭାବୁଛ ଏତେ
କ'ଣ ପାଇଁ ?
ଜୀବନ ତମାମ
ଏତେ, ଏତେ
ଅଥଚ ଓ କିନ୍ତୁ ?

ସତ କହିବ ସଦାନନ୍ଦ-୨

ସଦାନନ୍ଦ !
ଆସ ତ ଟିକେ ବସି କଥାହେବା
ନା, ନା ଆଜି ପାଖକୁ
ଲାଗି ବସନା
ଦୂରେଇ ବସ
ଏମିତି ଦୂରେଇ ଯାଅ
ଯେମିତି ତମ ନିଃଶ୍ୱାସ
ତମ କାଶ, ଛିଙ୍କ
ହାଇ କି ଛାଇ
ମୋ ପାଖ ଛୁଇଁବନି ।

ସତ,
ସତ କହିବ ସଦାନନ୍ଦ
ମଣିଷକୁ ତମେ କହୁଥିଲ ନା
ରେସ୍ ଘୋଡ଼ା ବୋଲି
ରାଜରାସ୍ତାକୁ କହୁଥିଲ
ଗହଳି, ଗହଳି
ପୁଲିସ୍‌କୁ କହୁଥିଲ
ଫଁ ନ ଥିବା ସାପ
ଆଉ ନିକମା ବୋଲି
ବିଜ୍ଞାନକୁ କହୁଥିଲ ଜଗତଜିତା ।

ତୁମେ ନିଜେ ନା'
ସମୟ ନାହିଁର ଦ୍ୱାହିରେ
ଦୌଡୁଥିଲ
ରାତି-ଦିନ ଏକାକାର କରି ।

ଛାଡ଼
ଛାଡ଼ ଏବେ ତୁମ ଆମ କଥା
ଭାବ ତ ଦୁନିଆ ଆଉ
ଏଇ ସାଂପ୍ରତିକ
ସମାଜ ଓ ସାମାଜିକ
ମୁଖାପିନ୍ଧା ମଣିଷର କଥା
କେତେ ବାଗରେ
ବାଆଁରେଇ ଯାଉଥିଲା
ବାପା-ମା', ଭାଇ-ଭଉଣୀର
ଉଚ୍ଛୁଳା ପରିବାର ଠାରୁ
ପୁତ୍ର-କନ୍ୟା-ପତ୍ନୀର
ନିଜସ୍ୱ ସଂସାର ଦାୟରେ ।

ସତ କହିବ ସଦାନନ୍ଦ
ଧୂଳି, ଧୂଆଁରେ ଭର୍ତ୍ତି
ମାଟିଠୁ ଆକାଶ ପରି
ସ୍ୱାର୍ଥର ଅନ୍ଧପୁଟୁଳି ବାନ୍ଧି
ଦୌଡୁଥିବା ମଣିଷ ପାଇଁ
କରୋନା ମୃତ୍ୟୁର ଆତଙ୍କ
ନା
ଚେତାବନୀଟିଏ
ଲକ୍‌ଡାଉନ ସ୍ୱାସ୍ଥ୍ୟ ସତର୍କତା
ନା
ବସୁଧୈବ କୁଟୁମ୍ବକମ୍
ଅଭ୍ୟାସ ପାଇଁ
ଆଗାମୀର ଶକ୍ତ ସୂତାଖିଏ ।

ବିଷମ ସମୟ

ବିଶ୍ୱାସର ତାଳପତ୍ର
ଶାଖାପ୍ରଶାଖାରେ
ଲଟେଇ ଯାଇଛନ୍ତି
ଅବିଶ୍ୱାସର
ନିର୍ମୂଳୀ ଲଟାମାନେ
ନିଃଶ୍ୱାସର ପରିଧିରେ
ପରିକ୍ରମା କରୁଛି
ଆତଙ୍କ ।

ସାମ୍ନାର ସବୁ ଦୃଶ୍ୟପଟରେ
କୁହୁଡ଼ିର ଘେର
କ୍ରମଶଃ ବିସ୍ମରଣ
ହେଇ ଯାଉଛନ୍ତି
ଗଦାଗଦା
ସ୍ମୃତିର ସନ୍ତକ ।

ଓଃ...
ସମୟର ଚୋରାବାଲିରେ
ପାଦ ଫସିଯିବାର ଭୟ
ଆଲିଙ୍ଗନ ସବୁ
ରୂପାନ୍ତରିତ

ହୋଇ ଯାଉଛନ୍ତି
ଆତ୍ମଗୋପନରେ ।

ସମୀପର ସମ୍ପର୍କମାନଙ୍କୁ
ଦେବାକୁ ପଡୁଛି
ଦୂରନ୍ତ ବିଦାୟ
ସାକ୍ଷାତର ଉଦ୍‌ବେଳନ
ଭୋଗୁଛନ୍ତି
ଆତ୍ମନିର୍ବାସନ ।
ଓଃ...
ଇଏ ଏକ
ବିଷମ ସମୟ ।

■

କାଳିଜହ୍ନ ଓ ତୁମେ

ଆକାଶରେ କାଳିଜହ୍ନ
ବାଦଲର ଅଭିସାର
ଦ୍ୱନ୍ଦ୍ୱର ଦରଓ୍ୱାନ୍
ଦୋଦୋପାଞ୍ଚ ହୁଏ
କାଳିଜହ୍ନର ଆଲୁଅ
ଝାପସା, ଝାପସା
ନା
ଝାପସା ଆଲୁଅରେ
କାଳିଜହ୍ନର ମୁହଁ
ଫିକାଫିକା
କୁଡ଼ିଆରେ ତୁମେ
ଏକାଏକା
ଅଧା, ଅଧା
ଅଧା ଦିଶେ
ତୁମ ଚାନ୍ଦମୁହଁ
ଦୋଦୁଲ୍ୟମାନ
ଭାବନାର
ଭବସାଗରରେ
ଉବୁଟୁବୁ ବିଚାରା ନାଉରି।

କୁଡ଼ିଆର

ମିଞ୍ଜିମିଞ୍ଜି ଆଲୁଅରେ
ତୁମ ମୁହଁ
ଅଧା ଦିଶେ
ଅର୍ଦ୍ଧଚନ୍ଦ୍ର ପରି
ନା,
ଅର୍ଦ୍ଧଚନ୍ଦ୍ର ଉଜ୍ଜ୍ୱଳ ମୁହଁରେ
ଆଲୋକିତ
ଏ କୁଡ଼ିଆର ଗର୍ଭଗୃହ ।

ଜହ୍ନ ସମୁଦ୍ର ମଣିଷ

ମନ ଖୋଜେ ଆଲୁଅରେ ଭର୍ତ୍ତି
ଗାଁ ଦାଣ୍ଡ ।
ଉଚ୍ଛ୍ୱାସକୁ ଚାପିଦେଇ
ଫଟାକାନ୍ଥ ଫାଟର ସନ୍ଧିରେ
ଆକାଶକୁ ଚାହେଁ ଥରୁଥର
ଘଡ଼ିମାରି ଉଠିଛି ଏ ଜହ୍ନ
ନିରାଶ ବି କରେ ବାରମ୍ବାର ।

ଲଂଘିବାକୁ ଏ ବିଶାଳ
ସମୁଦ୍ରର ବକ୍ଷ
ଯେବେଯେବେ
ମୁଁ ସମୁଦ୍ର ମୁହାଁ
ଏ ଲହଡ଼ି ଝାମ୍ପି ପଡ଼େ
ଗିଳିବ କି ମୋତେ ସେ ଅଛୁଆଁ ।

ନା ମିଳେ ଆଲୁଅର
ଗାଁ ଦାଣ୍ଡ
ସଫେଦ ସେ
ଜହ୍ନଜହ୍ନ ରାତି
ନା ମିଳେ

ସମୁଦ୍ରର ପ୍ରସାରିତ
ନୀଳନୀଳ
ମୁଲାୟମ ଛାତି ।

ଜହ୍ନର ଆଲୁଅ ପରି
ନିର୍ଭେଜାଲ
ସମୁଦ୍ରର ଜଳପରି
ଛଳଛଳ
ମଣିଷର ମନଟିଏ
କାହିଁ ବା ମିଳୁଛି ?

ରାସ୍ତା

ଚାଲି ଶିଖିବାଠୁ
ରାସ୍ତା ସହ
ସମ୍ପର୍କ ଯୋଡ଼ିଛି
ପାଦ ପାପୁଲି ସଙ୍ଗେ
ରାସ୍ତାର ସମ୍ପର୍କକୁ
ନିବିଡ଼ କରିଛି ।

ପାଦ ପରେ ପାଦ
ଏ ଭିତରେ
ଅନେକ ରାସ୍ତା ଚାଲିଛି
ଅନେକ ସୁନ୍ଦର ଓ ଅଜବ
ରାସ୍ତାକୁ ଭେଟିଛି ।

ବେଳବେଳେ
କିଛି ରାସ୍ତା ଲାଗନ୍ତି
ନିଜର, ନିଜର
ଏକାନ୍ତ ଆତ୍ମୀୟ
କିଛି ରାସ୍ତା ଖାଁ ଖାଁ
ସାତପର ।

ଅନେକ ରାସ୍ତା
ଅତିକ୍ରମ କରି
ସାରିଲିଣି
ଭୁଲି ସାରିଲିଣି
ବହୁ ରାସ୍ତାଙ୍କ
ଚିତ୍ର ଓ ଚରିତ୍ର
ଅଳ୍ପ କିଛି ରାସ୍ତା
ଏବେ ବି ମୋର
ଅତି ଆପଣାର।

ମୋ ଉପରେ
ପ୍ରଭାବ ଶୂନ୍ୟ
ରାସ୍ତାଗୁଡ଼ିକ ଭିତରୁ
କେତେକ ରାସ୍ତା ସହ
ଏବେ ବି ଭେଟାଭେଟି ହୁଏ
ପ୍ରାୟ ନିତି, ପ୍ରତିଦିନ
କିନ୍ତୁ ସେମାନେ
ମୋ ଚିନ୍ତା-ଚେତନାରେ
ଏକବାର ନିର୍ଜନ, ନିର୍ଜନ।

ଅଥଚ
ବହୁ କାଳ ହେଲା
ଭେଟ ହୋଇ ନଥିବା
ବହୁ ରାସ୍ତା
ଏବେ ବି ଅଭୁଲା, ଅପାସୋରା
ଅବିସ୍ମରଣୀୟ
ସାରାକାଳ, ସାରାକାଳ।

■

ଝଡ଼ରାତିର ଜହ୍ନ

ମୁଁ ଝଡରାତିର ଜହ୍ନ ।
ପବନର ତାଣ୍ଡବରେ ଥରୁଥାଏ
ମାଟି, ପାହାଡ଼, ନଈ ଓ ସମୁଦ୍ର ।
ଦୋହଲୁଥାଏ
ଶୂନ୍ୟ, ମହାଶୂନ୍ୟ
ଗଛବୃକ୍ଷ କୁଡ଼ିଆ, ପ୍ରାସାଦ ।
ବିପ୍ଳବର ବଳୟରୁ
ମୁକ୍ତି ପାଇଁ
ଆତ୍ମଗୋପନରେ
ଯେତେବେଳେ
ଚରାଚର ଜୀବଜଗତ ।
ମୁଁ ସେମିତି
ଅବିଚଳିତ
ହସୁଥାଏ, ଦେଖୁଥାଏ
ପବନ ଉତ୍ପାତ ।
କ୍ରୋଧିତ ଝଡ଼ର ଝଟକାରେ
ପଥହରା
ନିରୁପାୟ ପଥଚାରୀ ପାଇଁ
ମୁଁ ସହାୟ ସଙ୍କେତ ।
ଝଡ଼ର ଅନ୍ଧାରୀ ଗୁମ୍ଫାରେ
ଦିଗବାରେଣୀଟେ
ଭଉଁରିର ଭୂଲୋକରେ
ଚିତ୍ରିତ ଚିହ୍ନ
ମୁଁ ଝଡ଼ରାତିର ଜହ୍ନ ।

ରହଣି ସମୟ

ନିଚ୍ଛାଟିଆ ଖରାବେଳେ
ଚାଳ ଉପରୁ ବେଳ ଉଣ୍ଡି
ଅବତରଣ କରିଥିବା କାଉ
ଗାଁ ଦାଣ୍ଡରେ ଶୁଖୁଥିବା
ଧାନ ହେଁସରୁ
ଥଣ୍ଟ ଭର୍ତ୍ତି ଧାନ ଖାଉଥିବା ବେଳେ
ଯଦି ପଚରାଯାଏ
ତୁ ଏଠି କେତେ ସମୟ ରହିବୁ
କହିପାରିବ କି ସେ
ତା' ରହଣି ସମୟ ।

ରହଣି ସମୟ
କହିପାରିବ କି
ବାରମ୍ବାର କଟୁଥିବା
ରାସନ କାର୍ଡଟେ ପାଇଁ
ବ୍ଲକ୍ ଅଫିସରେ
ବାବୁଙ୍କ ଦପ୍ତରରେ
ନେହୁରା ହେଉଥିବା
ସେଇ
ଅଳ୍ପବୟସ୍କା ବିଧବା ନାରୀଟି ।

ହୋଟେଲରେ
ଭୂରି ଭୋଜନ କରୁଥିବା
ବାବୁ ବାବୁଆଣୀ
ଏପରିକି ତା'ରି ବୟସର
ପିଲାଙ୍କ ଅଇଁଠା ବାସନ
ଧୋଉଥିବା
ସେଇ ବାପଛେଉଣ୍ଡ
ବାରବର୍ଷର ଅନାମ
କ'ଣ କହି ପାରିବ
ହୋଟେଲରେ ତା'ର
ରହଣି ସମୟ, ଆଉ
ମା' ପାଖକୁ ଫେରିବା ସମୟ।

■

ଏକାନ୍ତ ଉଦାର

ତୋ ଛାତିରୁ ଚଁଚଁ କରି
ଶୋଷି ନେଇଛୁ
ସବୁତକ କ୍ଷୀର
ତୋ ଧମନୀରେ
ଲଦି ଦେଇଛୁ
ଟନ୍ ଟନ୍ କଂକ୍ରିଟର ବୋଝ ।

ଗଢିଛୁ ସେତୁ
ତୋ କଟୀ
ତୋ ଗ୍ରୀବା
ତୋ ଉଦରରେ
ମନ ଇଚ୍ଛା
ବାନ୍ଧିଛୁ ବନ୍ଧ
ତୋ ବାହୁ
ତୋ ଜାନୁକୁ
ଯେଉଁଠି ପାରିଛୁ ସେଠି
କରିଛୁ ଆବଦ୍ଧ ।

ଆମ ଇଚ୍ଛା ଅନୁଯାୟୀ
ଲୁଟିଛୁ

ତୋ ସକଳ ଭୂଷଣ
ଆଭୂଷଣ
ଜଳଭଣ୍ଡାର ।

ତୋ ଜଳବସନକୁ
ବିବସ୍ତ୍ର କରିଦେବା ପରେ
ଜଳଜଳ ଦିଶୁଛି
ତୋ ବକ୍ଷର ଭୂଗୋଳ
କିଏ ବା କରିବ ତୋ
ଲଜ୍ଜା ନିବାରଣ ।

ଏତେ ଏତେ ଅଦଉତି
ପରେ ବି
ତୁ ନିର୍ବିକାର
ଏକାନ୍ତ ଉଦାର ।

ସେଇଥି ପାଇଁ ତ ଖାସ୍ ?
ତୁ ସର୍ବଂସହା
ତୁ ଜଳମାତା
ତୁ ଚିରସ୍ରୋତା
ତୁ ଖରସ୍ରୋତା ।

କବି ଯେତେବେଳେ କବିତା ଲେଖୁନଥାଏ

ସତରେ
କବି ଯେତେବେଳେ
କବିତା ନ' ଲେଖୁଥାଏ
କ'ଣ କରୁଥାଏ ?

ଜଣେ କବିଙ୍କୁ ଭେଟିଲି
ସେତେବେଳେ ସେ
କବିତା ଲେଖୁନଥିଲେ ।
ଗୋଟେ ଛେଳି ଚରାଉଥିବା
ଦଶ କି ବାର ବର୍ଷର ଝିଅକୁ
ନିରେଖି ଦେଖୁଥିଲେ
ମେଘଧୁଆ ନିଗିଡ଼ା ମାଟି ପରି
ଦିଶୁଥିଲା ସେଇ
ଛେଳିଚରାଳି ଝିଅର
ଝାଳପୋଛା ମୁହଁ ।

ଝିଅଟି ବି ଏକଲୟରେ
ଦେଖୁଥିଲା
ଭୋକିଲା ଛେଳିମାନେ

ଗଛ ପତ୍ର ଘାସ
ଚରୁଥିବାର ଦୃଶ୍ୟ।

ମୁଁ ସେଇ ଛେଳିଚରାଳି ଝିଅର
ପାଖାପାଖି ଗଲି
ପଚାରିଲି –
କ'ଣ କରୁଛୁ
ଅଳ୍ପ ହସି କହିଲା
ଛେଳିମାନେ ଖାଉଛନ୍ତି
ମୁଁ ତାଙ୍କ ଖୁସିରେ
ଖାଲିପେଟରେ ବି
ହସ ସାଉଁଟୁଛି
ଖୁସି ସାଉଁଟୁଛି।

ପଚାରିଲି
ତୁ କ'ଣ ଖାଇଛୁ ଯେ
କାଲି ଦ୍ୱିପ୍ରହରେ
ଦି'ମୁଠା ଭାତ ଖାଇଥିଲା
ସେ କହିଲା।

ଏଥର କବିଙ୍କର ପାଳି
ପାଖକୁ ଗଲି
କବିଙ୍କୁ ପ୍ରଶ୍ନ ପଚାରିଲି
ସେ କହିଲେ
କବିତା ନ ଲେଖୁଥିଲା ବେଳେ
ତୁମେ ଯାହା
ପଚାରି ବୁଝିଲ
ମୁଁ ତାକୁ ନିରେଖି ନିରେଖି
ପଢ଼େ, ବୁଝେ

ଛେଳିର ପେଟ ଭରୁଥିବା
ଦୃଶ୍ୟକୁ ଦେଖେ
ଛେଳିଚରାଳି ଝିଅର
ଅଦୃଶ୍ୟ ଭୋକକୁ ପଢୁଥାଏ
ପଢୁଥାଏ
ଗୀତା ଆଉ ଭାଗବତ ପରି ।

■

ସମୁଦ୍ରେ ଜହ୍ନରାତି

ନିଃଶବ୍ଦ ରାତି
ଶୂନ୍‌ଶାନ ପ୍ରହର
ଘଡ଼ିମାରି ଛପିଛପି
ଉଠୁଥିଲା ଜହ୍ନ ।

ସମୁଦ୍ରର ଉତ୍ତାଳ ଢେଉ ଭାଙ୍ଗି
ଜହ୍ନ ଗାଧୋଉଥିଲା,
ଧୋଉଥିଲା
ଧୋଇବାକୁ
ଇଚ୍ଛା କରୁଥିଲା
ତା' ଦେହର ସକଳ କଳଙ୍କ ।

ଜହ୍ନର ଆଶ୍ଳେଷରେ
ସମୁଦ୍ର କ୍ରମଶଃ
ଯେତିକି ଯେତିକି
ବିମୋହିତ ହେଉଥିଲା
ତା'ଠୁ ଅଧିକ
ଶିଥିଳ ହୋଇପଡୁଥିଲା ।

ସମର୍ପଣ ମୁଦ୍ରାରେ ଜହ୍ନ,
ବିବଶ ପାଲଟି ଯାଇଥିଲା ସମୁଦ୍ର

ସମୁଦ୍ର ପାଖରେ
ସଂକଳ୍ପ ଦୋହରାଉଥିଲା ଜହ୍ନ
ଆକୁଳ ହୋଇ
ଆତୁର ନିବେଦନର
ନୈବେଦ୍ୟ ରଖୁଥିଲା
ଧୋଇଦେ ଧୋଇଦେ
ମୋର ସର୍ବକାଳୀନ କଳଙ୍କ ।

ସମୁଦ୍ର ହସୁଥିଲା
ପ୍ରେମ ଆଉ ପ୍ରଣୟର ହସ
କହୁଥିଲା –
କିଏ କହେ କଳଙ୍କ ଏ
ଏଇତ ମୋ ପ୍ରେମର ପ୍ରତୀକ
ସୃଷ୍ଟି ପାଇଁ ସୃଜନ ସନ୍ତକ ।

ଲହଡ଼ି ମାଳାରେ
ଛାଇ ଆଉ ଆଲୁଅର ପ୍ରୀତି
ଅପୂର୍ବ ଏ ମିଳନର ଦୃଶ୍ୟପଟ୍ଟ
ସମୁଦ୍ରରେ ସମୁଦ୍ରେ ଜହ୍ନ ଜହ୍ନରାତି ।

■

ବାପା : ସାରାକାଳ

ବୟସ, ଉଚ୍ଚତା, କ୍ଷମତାରେ
ଯେତେ ଉଚ୍ଚକୁ
ଉଠିଗଲେ ବି
ବାପାଙ୍କୁ ଟପି ହୁଏନି
କି ଭୁଲି ହୁଏନି।

ବାପାମାନେ ବାପା ହୋଇଗଲା ପରେ
ନିଜତ୍ୱ ଭୁଲନ୍ତି
ପିଲାଙ୍କ ବୋଝର ବୁଜୁଲାକୁ
କାନ୍ଧରେ ପକାଇ
ଜୀବନ ଜିଅନ୍ତି।

ବାପା ସବୁବେଳେ
ସାରାକାଳ ଥାଆନ୍ତି
କେତେବେଳେ
ସ୍ୱଦେହରେ ସଶରୀରେ
କେତେବେଳେ ଅଦୃଶ୍ୟରେ
ଗୋପନରେ।

ବାଲ୍ୟକାଳେ ହାତ ଧରି
ଚାଲୁଚାଲୁ
ବାପାମାନେ ବେଳେବେଳେ
ଲୁଚିଯାନ୍ତି
ହାତ ଛାଡ଼ିଦେଇ
କିଟିକିଟି ଅନ୍ଧାରରେ
ନିଛାଟିଆ ନିର୍ଜନ ରାସ୍ତାରେ
ପୁଅର ସାହସ
ବଢ଼ାଇବା ପାଇଁ।

ସେମିତି ବୋଧହୁଏ
ଲମ୍ବା ଅବଧି ପାଇଁ
କିଛି ବାପା
ଆତ୍ମଗୋପନ କରିଥାନ୍ତି
ସତ ସାବ୍ୟସ୍ତ କରିବାକୁ
ବାପା ନ ଥିବା ପୁଅ ବି
ସଭାରେ ହାରେନା
ସମର୍ଥ ପୁଅଙ୍କୁ ବୋଧହୁଏ
ବାପାମାନେ
ଛାଡ଼ି ଚାଲି ଯାଇଥାନ୍ତି
ଏକାଏକା ବାଟ ଚାଲିବାକୁ
ଗୋପନରେ ଦେଖୁଥାନ୍ତି
ପୁଅର ସାମର୍ଥ୍ୟ।

ବାପାମାନେ
ସବୁଦିନ ଥାଆନ୍ତି
ଥାଆନ୍ତି ସାରାକାଳ।

■

ଇଚ୍ଛା

ଏକବାର ନିଛାଟିଆ
ନିର୍ଜନ ଇଲାକା
ଲୋକଟା
ସମ୍ଭବତଃ କଥା ହେଉଥିଲା
ନିଜ ସହ
ନିଜେ ଏକାଏକା ।

ପଚାରିଲି,
କ'ଣ ଖବର
ସେ କହିଲା –
ମତେ ଫୁଲାଏ
ମଣି ମୁକ୍ତା
ଧନ ଅର୍ଥ
ଅମାପ ସମ୍ପତ୍ତି ନୁହେଁ
ପୁଞ୍ଜାଏ ପ୍ରିୟ ଶବ୍ଦ
ଦେଇ ପାରିବ ।

ତା' ପାଟିରୁ
କଥା ସରିନି
ସେଇ ବାଟ ଦେଇ ଯାଉଥିବା
ଥୋକେ ଲୋକ
ଘେରିଗଲେ ।
କହିଲେ, ଏଇଟା ପାଗଳ ।

■

ଅସମାହିତ

ଚେତନାର ଚଉହଦି
ଚିହିଙ୍କି ଉଠଇ
ସାମାଜିକ ଶୃଙ୍ଖଳାର
ସରୋବର ଡେଇଁ
ଭାଙ୍ଗିବାକୁ ଇଚ୍ଛା ହୁଏ
ଘୋଷିତ ବା ଅଘୋଷିତ
ନିୟମ କାନୁନ।

ଲଂଘିବାକୁ ବିସ୍ତାରିତ
ଲକ୍ଷ୍ମଣର ଗାର
ସଂକଳ୍ପର ସମ୍ଭାବନାଟିଏ
ଚେଇଁଉଠେ ଭିତରେ ଭିତରେ
ମଣିଷଟିଏ
ଆରେକ ମଣିଷର
ମୁହଁରେ ହସ ଫୁଟାଇବା ପାଇଁ
ଯାଚିଦେଲେ ଧନ ବା ଦୌଲତ
ଦାନୀ ବୋଲି ହୁଏ ଯଦି ଗଣା
କ'ଣ ପାଇଁ ବ୍ୟଭିଚାରୀ
ହୁଏ ପୁଣି
ଆରେକ ମଣିଷର
ଭୋକ ମେଣ୍ଟାଇବା ପାଇଁ
ଅକାତରେ ଯାଚିଦେଲେ
ଦେହ ବା ଯୌବନ।

ମୁହୂର୍ତ୍ତେ ମୋକ୍ଷ

କୁଆଁରାବଠୁ
କାହା କାହା ମୁହଁରେ
ଫୁଟାଇଲୁ ଫୁଲପରି ହସ
ହୃଦୟରେ ଥାପିଦେଲୁ
ଆଶ୍ରାବାଡ଼ିର ମହକ।

କଳସୀରେ ପାଣି
ଭରିବା ପରି
ଠୁକୁ ଠୁକୁ ଚାଲିଠାରୁ
ସେମାନେ ତୋ ମୁଣ୍ଡରେ
ରୋପିଦେଲେ
ବୁଦ୍ଧିର ବିହନ।

ତୋ ଭବିଷ୍ୟତର
ଶକ୍ତିଶାଳୀ ଇମାରତ
ଗଢ଼ିଦେବା ଇଚ୍ଛା ନେଇ
ତୋତେ ପଢ଼ାଇଲେ ପାଠ।

ବୁଦ୍ଧିଦୀପ୍ତ ବୁଦ୍ଧିମାନ ହେଲୁ
ବୁଦ୍ଧିରେ ତୁ ମତ୍ତହସ୍ତୀ
ମହାବଳ କରାୟତ୍ତ କଲୁ

ଟଙ୍କା ସୁନା ସଂପତ୍ତିର
ମାଲିକାନା ନେଲୁ ।

ଯେଉଁମାନଙ୍କ ମୂଳଧନ
ଝାଳରକ୍ତ ପେଟଭୋକ
ଏକାକାର କରି ତୁ' ଗଢ଼ାହେଲୁ
ଚାହୁଁ ଚାହୁଁ ନିମିଷକେ
ସେମାନଙ୍କୁ
ମନରୁ ଭୁଲିଲୁ
ହୃଦରୁ ପୋଛିଲୁ ।

କାଳକ୍ରମେ ସେମାନେ
ବାହୁଡ଼ିଲେ
ଯିଏ ଯାହା ପଥେ
ଏ ଭିତରେ ତୁ ବି ପାଲଟିଛୁ
ସେମାନଙ୍କ ପରି ।

ଆଶାବାଡ଼ି ହେଲୁନି ତ
ଯେଉଁମାନେ
ଆଶାବାନ୍ଧି ଥିଲେ
ତୁ'ବି ଖୋଜିଲୁ ନାହିଁ
ଆଶାବାଡ଼ିଟିଏ ।

ତୁ ଖୋଜୁଛୁ ଯେ ଖୋଜୁଛୁ
ଗଙ୍ଗା ଗୟା ନର୍ମଦାରେ
ପୁରୀ ବୃନ୍ଦାବନ ହରିଦ୍ୱାରରେ
ଗ୍ରାମଦେବତୀଠୁ ଆରମ୍ଭ କରି
ନଦିୟା ନବଦ୍ୱୀପ

ଅକ୍ଷର ଧାମରେ
ଖୋଜୁଛୁ ମୋକ୍ଷ ।

ମୋକ୍ଷ କି ସତରେ ମିଳେ
ଗଙ୍ଗାର ବୁନ୍ଦାଏ
ପାଣି ସିଞ୍ଚନରେ
ଅମରକଣ୍ଟକ ନର୍ମଦା
ଜଗନ୍ନାଥ ମୂର୍ତ୍ତି ଦର୍ଶନରେ ।

ମୋକ୍ଷ ନୁହେଁ ମୁହୂର୍ତ୍ତକ ମାୟା
ତମାମ ଜୀବନର
ଚଲାପଥ ପାଇଁ
ମୋକ୍ଷ ଏକ ଚଳନ୍ତା ବିଚାର ।
ମୋକ୍ଷ ଏକ ପଥ ପୁଣି
ମୋକ୍ଷ ଏକ କକ୍ଷ
ଅର୍ଜିତ ପାପ ପାଇଁ
ମିଳିବ ବା କାହୁଁ
ମାତ୍ର ମୁହୂର୍ତ୍ତକେ
ମୁହୂର୍ତ୍ତେ ମୋକ୍ଷ ।

■

BLACK EAGLE BOOKS

www.blackeaglebooks.org
info@blackeaglebooks.org

Black Eagle Books, an independent publisher, was founded as a nonprofit organization in April, 2019. It is our mission to connect and engage the Indian diaspora and the world at large with the best of works of world literature published on a collaborative platform, with special emphasis on foregrounding Contemporary Classics and New Writing.

www.ingramcontent.com/pod-product-compliance
Lightning Source LLC
Chambersburg PA
CBHW060620080526
44585CB00013B/918
* 9 7 8 1 6 4 5 6 0 4 7 5 4 *